英语语言学理论与应用研究

王晓丽　著

陕西师范大学出版总社　西安

图书代号 ZZ24N1504

图书在版编目（CIP）数据

英语语言学理论与应用研究 / 王晓丽著. -- 西安 : 陕西师范大学出版总社有限公司, 2024. 9. -- ISBN 978-7-5695-4599-9

Ⅰ. H31

中国国家版本馆 CIP 数据核字第 2024WX5815 号

英语语言学理论与应用研究

YINGYU YUYANXUE LILUN YU YINGYONG YANJIU

王晓丽 著

特约编辑 何滋怡
责任编辑 李腊梅 汤 凡 刘 岩
责任校对 孙 哲
封面设计 知更壹点
出版发行 陕西师范大学出版总社有限公司
（西安市长安南路 199 号 邮编 710062）
网 址 http://www.snupg.com
印 刷 河北赛文印刷有限公司
开 本 710 mm×1000 mm 1/16
印 张 10.5
字 数 210 千
版 次 2024 年 9 月第 1 版
印 次 2024 年 9 月第 1 次印刷
书 号 ISBN 978-7-5695-4599-9
定 价 60.00 元

作者简介

王晓丽，女，汉族，1977年10月生，甘肃省张掖市人，毕业于西北师范大学。现任河西学院外国语学院副教授，研究方向为应用语言学、社会语言学。主持并完成甘肃省社科规划项目一项，甘肃省教育厅项目一项，张掖市社科规划项目一项，校级科研项目四项；参与完成省级科研项目四项；发表论文十余篇。

前　言

英语是现代社会的国际通用语言之一，在语言学研究中占据的位置十分重要。学好英语是学生要做到的事情，良好的英语语言素养是学生未来工作、发展的技能之一。随着我国经济的发展和社会的进步以及新课改的进行，英语教育方面的问题受到社会各界的广泛关注。其中，英语语言学教育的重点已经从单一的语言文字教学，延展至对英语语言学理论体系的研究。因此，对英语语言学理论与应用进行科学的、全方面的、多角度的研究，已然成为英语语言学研究的必然趋势。对英语语言学的基本知识展开研究，可以在一定程度上促进英语语言学理论与应用的研究。

本书研究了相关基本理论与实践应用等内容，进一步阐释了英语语言学理论的具体应用。

本书共八章。第一章为绪论，主要阐述了语言的内涵与外延、语言的起源与发展、语言的功能与特点、语言的结构与建构等内容；第二章为语言学基础理论，主要研究了语言学的性质与分类、语言学的主要流派、英语语言学的理论重点等内容；第三章为英语语音学理论与应用，主要介绍了英语语音学的基本理论和英语语音教学的实践应用等内容；第四章为英语词汇学理论与应用，主要论述了英语词汇学的基本理论和英语词汇教学的实践应用等内容；第五章为英语语法学理论与应用，主要阐述了英语语法学的基本理论和英语语法教学的实践应用等内容；第六章为英语语义学理论与应用，主要讲述了英语语义学的基本理论和语义学理论在英语教学中的应用等内容；第七章为英语语用学理论与应用，主要研究了英语语用学的基本理论和语用学理论在英语教学中的应用等内容；第八章为英语语言与语言学的发展，主要阐述了英语语言的发展和英语语言学的发展等内容。

在撰写本书的过程中，笔者借鉴了许多前人的研究成果，在此表示诚挚的感谢。

探索知识的道路是永无止境的，本书还存在着不足之处，恳请前辈、同行以及广大读者斧正，以便改进和提高。

目　　录

第一章　绪论

语言是人类重要的交际工具，作为信息载体的语言的主要目的和作用是传达信息。语言是人类社会发展到一定阶段的产物，与人类生存发展有重要关系。通过语言，人类在交往实践中能展现个体和群体的思维，能够更高效地认识和改造世界；通过语言，人类能实现个体认识向社会认识的转变，使得认识成果获得物质表现。于个体而言，语言是认知、思维和交往活动不可替代的因素。放眼全人类，语言对于人类的生产生活实践、认识发展至关重要。

第一节　语言的内涵与外延

一、语言的内涵

现代语言学之父索绪尔（Saussure）认为，语言是一种表达观念的符号系统，因此，可以比之于文字、聋哑人的字母、象征仪式、礼节形式、军用符号等。[①] 在解释语言的符号系统时，索绪尔认为语言符号连接的不是事物和名称，而是概念和音响符号。其中概念是该系统的“所指”，音响符号是“能指”。他认为，语言作为符号系统就是为了用声音表达思想。他把语言比作一张纸，“思想是正面，声音是反面”[②]，即通常所说的“一体两面”。同时，他强调，语言的“所指”和“能指”之间具有任意性，即我们通常所说的约定俗成。在语言运用过程中，需要遵循时间的先后顺序进行线性排列，组合形成一定的语言结构，所以每一个符号都处于既可以与其他符号组合，又可以被其他符号替换的双重关系之中，因此前一种关系称为“组合”关系，后一种关系称为“聚合”关系。“组合”关系使得语言符号的结构遵循有序性，而“聚合”关系为句子的生成提供了条件和可

① 索绪尔．普通语言学教程［M］．高名凯，译．北京：商务印书馆，1980.
② 同上．

能。“组合”与“聚合”犹如纵横两轴，是语言系统中最为重要和基础的组织方式，共同创造和呈现了语言，也正是这两种关系使语言成为一个具有开放性、能产性的符号系统。尽管各语言共同体的语素、词语等有限，但人类在交往实践过程中能使用遵循一定的规则和约定生成的句子表达复杂的认知、情感和意志。语音、词汇和语法是语言的三大要素，且在语言内部具有相对独立性，各语言共同体在特定时期形成相应的语音系统、词汇系统和语法系统。

简单来说，语言是人类约定俗成、遵循一定规则，用以进行思想交流、表达和传递信息的手段，是人类重要的思维工具。起初，语言学家对语言进行考察时仅限于人的发音器官发出的语音形式，但随着时代的发展，科学技术不断发展，大众传播媒介更迭，尤其是互联网广泛应用，语言逐渐打破了时间和空间的限制，在传播和存储方式上实现了重大突破，从依赖于空气的自然传播到通过录音机、电话、计算机等传播，远距离的交流变得触手可及，其物质载体与媒介的突破改变了人类认识世界和改造世界的传统方式。在这个过程中，语言作为思维和交际的符号系统具有更为多样的表现形式。随着语言的兴起发展以及对语言表征的多角度、多维度的研究，语言的内涵和外延在时代发展中得以拓展，也被赋予了更加丰富的形态。

时代是思想之母，要对语言与认识的关系进行深入考察，就必须与时俱进。结合语言含义的时代变化看，语言包括两种基本类型：一种是自然语言；另一种是非自然语言。自然语言包括口语和书面语：分音节的有声语言是口语，后来产生了书写形式的书面语，即文字。口语以时间为结构力量，使思想、观念以语音的组合方式在时间链条中得到表达，而书面语则以空间为结构力量，使思想观念以图像、笔画等视觉形式在空间中得到记录和储存。两者以不同的形式传达和记录人的认识。非自然语言是指除自然语言之外人类交际所使用的其他语言形式，主要是人工语言，如计算机语言、逻辑语言、数学语言等。这类语言作为人工的辅助性语言系统，是具有特殊形式、用于特殊领域、开展特殊认识活动的语言，是语言内容和形式在时代发展中不可忽略的重要表现，同样也是我们考察人类认识活动中介系统——语言的重要部分。

二、语言的外延

语言是一种符号系统，通过声音实现语言的交际功能，语言所承载的内容能够带给人们不同感受。语言的外延主要探讨的是语言构成成分及它们之间的关系、语言结构形式等。

（一）形式外延

语言通过语音，也就是声音表达出来，这是我们能感知到语言表达意义的途径之一。不同语言具有不同的语音构成成分、语音构成特点，这就是我们对语言形式外延进行的分析。

（二）语义外延

语义由词、词组以及语句等很多具体的语言单位表现出来，通过语音呈现出来的语言进行表达，让人们对语言有所理解，即理解语言所表达出来的具体的意义。语言的意义包括世界本身的状态和认识者的主观态度。

（三）结构外延

从语言的结构外延来看，语言包括语音、语义和词汇等。语言还需要将语音、语义和词汇等语言构成串联起来，通过一定的语法形式表达出来，这样才能表达人们交际过程中的复杂语言内容和思想感情。

因此，语言是由语音、语义和词汇等构成的符号体系。语言的内部结构复杂且严密，这样才能表达出语言的强大功能。语言会随着社会的发展变化、人们对语言认识的不断深化、不同时期和不同语言学派对语言的看法等因素不断产生新的变化。

第二节 语言的起源与发展

一、语言的起源

人类对语言的研究已经有很长的历史，语言的起源更是一个古老的话题。这一话题经过人们一系列探讨，出现了很多相关的假说。这里对其中几种影响较大的说法进行简要介绍。

（一）劳动创造说

人脑和其基础上的意识都是人这一生命有机体自然发展的产物，但又不仅仅是自然发展的产物。人总是存在于具体的社会环境之中，作为一种社会存在物，人不单纯只是一个生命体，而是兼具了物质和精神的复杂结构体。正是因为人类具有复杂性，才使得人能成为认识主体，从事认识活动，形成对客体的认识，从而产生语言。这一切并不是与生俱来的，而是在一定的社会历史前提和初始条件下逐渐形成、不断发展。

在人类的发展演变过程中，劳动是最为关键的一环。一方面，劳动创造了人之为人的机体条件；另一方面，劳动也创造了人之为人的社会条件。从人类的演化来看语言的产生也可得知，产生于劳动过程中的语言不仅仅限于生物进化的范畴，还具有深刻社会进化的意蕴。

①劳动是从制造和使用工具开始的,制造和使用工具促进了人类智能的发展。劳动是一种主体作用于客体对象化的活动，在原始社会，为实现生存发展的需要，产生了一种作用中介——工具。制造和使用工具是人类劳动的开端和重要特征，也是人之为人的一个重要标志。于人类而言，工具作为劳动的重要因素，是人类认识的创造物，是认识的物化。人类通过了解和掌握自然物的性质和规律，全面掌握其物理、化学等各方面的属性，对其有意识、有目的地进行加工改造，同动物利用天然工具的活动有着本质区别，在制造和使用工具的过程中人的认识得到不断提升，自身生存状态得以改善。

②制造和使用工具促进了人类机体器官的进化,为语言产生提供了机体条件。工具作为人类征服大自然的中介，是物化的智力，也是人类器官的延伸，使得体型弱小的人类具有了较大的力量。据考古学研究，现今挖掘的人类化石与原始工具表明，人类制造和使用工具的过程是社会发展进步的过程，也是人类自身各项机体条件进化的过程，其中尤其突出的是大脑器官的进化。伴随着工具的不断进步，人类的实践对象和范围得到了扩大，生产力得到了提高，社会环境也更加复杂，人类的认识能力逐步提高，这一过程又会相应地对制造工具产生能动的反作用，进一步促进工具的发展。人类区别于其他动物的关键器官——大脑也在工具的进步和社会的发展中得到不断改造和进化。根据考古学对原始时代的研究，我们可以清晰地看出其发展轨迹。

③劳动是在人类的社会关系中完成的，为语言的产生提供了社会条件。在人类漫长的发展过程中，在生产力较低的情况下，人类是进行群居生活、开展集体性劳动的。因为在发展过程中脱离动物状态，实现自然中最伟大的进步还需要一种因素：以群体的联合力量和集体行动来弥补个体自卫能力的不足。群居生活保障了群体和个体生存发展的需求，决定了人类处在一定的社会结构当中，如原始社会中的氏族、部落等，也就决定了语言的萌芽和产生、发展以及非常重要的性质之一——社会性。

④劳动促使信息交流和交往新需要的产生。首先，随着人类劳动不断发展，劳动复杂程度逐渐提高，人类制造的工具也开始越来越精细、劳动规模越来越大、集体劳动的人越来越多，劳动过程中的明确分工需要群体内部成员之间互相帮助和协调合作。其次，群体性的生活和劳动使得远古人类生存和发展保持了一定的稳定性，利于种族繁衍，随着人口增长和扩散而形成新的部落，不同部落之间的信息交流也极为迫切。因此，正在进化中的人已经达到彼此间不得不说些什么的地步。最后，动物的本能“语言”已经无法适应复杂的生活环境，而直立行走后人的手被解放出来，在劳动过程中需要承担更多的职责和技能，手势语言和肢体模仿的使用受到影响并有局限性，无法满足日益增长的交流需要。为了适应人类更为复杂、要求更高的交流需求，一种更有效、新的方式有待出现。随着人类劳动的发展，大脑得到更好进化，喉头下降，发音器官得到完善，人类开始能发出一个个清晰的音节，信息交流的重要工具——语言应运而生。

从语言的产生过程也可以看出，语言的产生和发展不只是一个生物进化的过程，而且具有社会进化的维度。目前，语言在何时涌现、怎样涌现还未达成统一的观点，但是可以基本确定其是从手势、肢体动作、面部表情以及嘴里的声音逐步演化而来的。随着环境越来越复杂，作为信息中介的语言会相应发生改变，不断进行调整以满足人类交流的需要。

（二）拟声说

德国思想家赫尔德（Herder）曾在其代表作《论语言的起源》一书中提出拟声说这一主张。他认为，语言的形成源于对自然声音的模拟，原始人听了自然界的声音，就模仿这些声音来称呼事物，于是产生了语言。国内外很多学者持有这种观点。

但这种假说也有一些偏颇之处：单纯的拟声词不能构成语言；要模仿千奇百怪的自然界中的各种声音，对于发音器官还没有完全进化的原始人类来说是比较困难的；根据语言的拟声说起源，世界上语言的语音等构成应是相同的，但是现实是世界上的语言是完全不同的；拟声对于语言的发展有一定的促进作用，但是拟声只是造词的方法之一，拟声也只是说明了语言中的个别词的来源，并不能说明语言产生的时间和方式；至于拟声词作为词语形式固定下来也只是在语言产生之后才出现的；在语言中拟声词只是少数存在，因为并不是所有事物和概念都可以模拟声音，因此拟声词并不能代表所有语言，也不能解释大多数语言的产生。

二、语言的发展

（一）语言接触和融合

1. 语言接触

由于人类聚居的社会生活及其他的社会生活活动不同，不同民族、不同社群就会发生相互接触，从而引起语言接触。语言接触成为一种很普遍的社会现象。语言接触理论和接触语言学的形成和发展经历了一定的历史阶段。二十世纪三十年代，国内有不少语言学家论述过语言接触理论的内容，如张世禄先生的《语言学原理》就有与语言接触理论有关的相关论述。二十世纪五十年代，随着国外语言接触理论研究的不断发展，语言接触的基础理论形成，国内语言学家就语词借用、语言融合、语言混合、外来词的概念和分类做了专题讨论，引起国内语言学界对语言接触理论的广泛关注。语言接触理论在国内的发展主要是从研究方法、接触机制、与其他学派关系等方面开始的。语言接触理论研究需要处理好鉴别语言影响成分，研究步骤上应当由近及远，研究范围上应当由小到大，将语言的敏锐性和耐心求证相结合的问题，这一理论切中肯綮，对后期学者研究语言接触理论大有裨益。也有学者将语言接触理论与历史比较语言学结合起来，从语言接触理论的角度分析历史比较语言学未能设定的同源判定、谱系划分等问题。在运用国外语言学理论对语言接触理论引发的演变可能给受语系统带来的后果、演变类型、演变机制以及预测接触性演变的程度和种类进行研究时，切勿生搬硬套，要结合具体的语言事实进行分析。与语言接触理论相结合的个案研究以个案提炼语言接触为规律，着眼于语言接触理论研究，在研究范围上由小到大，从小问题、个案着手，逐步扩大。

语言是在人类思维下产生的行为活动。语言来自社会生活，随着社会的变化而变化。每一种语言都有自己的语言要素和语言系统，语言系统包括语音系统、词汇系统和语法系统。语言使用者互相频繁交流并使用这些语言时，语言之间产生接触，语言系统也会受到影响和改变。因此，我们说语言接触是一种语言现象，是指两种语言或几种语言由于社会因素，包括地理位置、自然环境、文化交流、商业贸易、民族迁移等，产生频繁交流的语言现象。

语言接触也表现为因外界客观的因素而产生语言之间在词汇上的一种借用现象。语言词汇借用的现象可归纳为两种：一是语言之间因为新事物的出现，需要新的词语、新的语言来补足自身语言系统中缺少的部分，对经常使用的词汇进行适当借用；二是替换自身语言系统中的某个成分，因自身语言词汇系统不能够准确表达意义，需要引进另一种形式和意义，甚至是语音的借入。从汉语的词语借用中可以看到，起初借入的词语接触汉语时的形态是以一种音译的方式来体现的，之后在大众群体不断接受使用后，才逐渐把音译的外来词改为意译的词语，成为一种适用于汉语结构的词语。语言接触下语言的影响和变化有一个过程，探讨语言影响和变化的过程和结果同等重要。语言借用是一个过程，不是一次就能完成的，借用的成分能不能成为借入语言的一部分要在言语社区中接受检验。语言借用是一个动态发展的过程，我们需要用发展的眼光去研究语言接触下的语言借用。

语言接触由于接触的方式和途径不同，可分为自然接触、非自然接触、历时接触和共时接触。自然接触是指地域上同空间不同语言之间的接触；非自然接触是指不同时空通过书面形式，如书籍、文献等材料的方式来进行语言之间的接触和交流；历时接触和共时接触指的是从不同角度观察两者的语言接触，即用横向与纵向相结合的方式全面分析两种语言的接触关系。

两种语言在语音对应上需要注意各个方面的对应。对应的普遍性指的是语音上该语言分布范围和使用的广域问题；对应的充分性指的是对亲属语言和各方言之间全部语素的全部对应；对应的完全性指的是比较语素音形义之间完全的对应；对应的一致性则是指满足相同对应规则的时候，有不同时空层次的存在。将语言接触理论与英语语言研究结合，应着眼于运用语言接触理论指导实践。从语言接触理论的角度考察分析英语语言的语音内部维持与转变的程度，对英语语言中特殊的语音现象进行分析，能够进一步分析出语言接触下的音变与历时音变现象，这对考察英语语言内部发展演变规律起到了重要作用。

2. 语言融合

语言融合是语言的发展经过接触以后出现的。语言融合包括语言的同化和混合。

语言的同化是指一种语言会对其他语言进行排挤或代替，从而使被排挤、被代替的语言消亡。在同化过程中，同化语言是指幸存的语言，被同化语言是指在同化过程中被排挤、被代替的语言。同化是语言发展的一个重要现象。

语言的混合是由两种语言“拼凑”成一种混合语。这种混合语主要用于临时交际。这种语言词汇贫乏、语法简单、交际功能有限。“洋泾浜”在某些特殊时期也发挥过一定的交际优势。

（二）影响语言发展的因素

1. 社会因素

语言是社会的产物，随着社会的变化而不断地变化。语言作为人类交际最重要的工具，反映着社会的需求和变化，因此语言的存在自然离不开社会生活。在分析语言时需要把社会因素考虑进来，如社会时代进步的需要、精神文明不断提高的需要等。社会在不断地发展和变化，语言也要与时俱进，不能总停留在过去。语言的工具性决定了社会的各种发展变化会促进语言的发展变化。

例如，语言中外来词的产生就体现了社会现象。外来词是反映社会变化的重要标志。语言作为一种社会现象，会随着社会的变化而变化。换句话说，语言产生于社会，同时又为社会所运用。社会中一旦出现新事物、新变化、新思想等，语言中的词汇是最敏感的部分，也是最容易受到外界影响的部分。语言中的词汇系统与语音、语法系统相比，更容易受到社会变化的影响。一方面，社会不断地变化，新事物、新现象不断出现，随之产生社会人际交往中所需要的词汇，因此新词汇的出现丰富了语言的词汇系统；另一方面，新词汇反映社会生活的变化，可作为一种社会时代特征的标志。不同时期的词汇反映了不同时期社会的变化，外来词可作为一个划分时代的重要标志来反映当时的社会时代和社会的变化。在语言接触下，两种语言在语音系统、词汇系统甚至是语法系统上会产生相应的影响和变化，只是接触深度或强度不同，这是语言本体上的因素。广义上的借词也可称作外来词，是一种文化现象和社会现象，既是语言文化之间交流的产物，又是社会时代的历史记录。语言之间要产生接触，必然从语言的文化交流开始，不同语言文化既有共性也有个性，在文化交流中产生文化的差异，自然会互相影响。从文献典籍到语言文学，语言和文化的接触逐渐加深，词汇借用的现象也会越明显。同时，作为社会时代的一种标识，借词具有社会时代的特征，也是一种记录不同时期社会的方式。随着历史的不断变迁，社会不断发展和进步，自然借词产生的数量会随之增加。

2. 心理因素

语言组织和功能的形成都源于心智体验、个体认知和人际互动，某种程度上和系统功能语言学对语言功能的描写具有相似的哲学基础。语言是对人类经验的反映，语言是对人与世界互动经验的体现，最终在群体内达成共识，成为规约化的形式。所以语言的元功能实际是在人与世界的互动过程中，通过感知系统形成对世界的体验，并通过认知系统加工为概念结构，以语言的形式表征出来，但即使面对相同世界中的同一事件，也会因认知主体的识解方式不同而产生不同的概念表达方式。

3. 语言自身因素

语言的发展不仅受到语言发展的社会因素和心理因素的影响，还会受到语言自身因素的影响。语言发展的社会因素和心理因素为语言的发展变化提出了语言发展的要求和动力，而语言在接受和满足语言发展的外部因素之后就将这些外部因素转换为语言变化和发展的自身因素，因此语言的发展最终影响因素还是语言自身因素。

有限和相对稳定的语言形式所表达的语言意义是灵活多变的。语言形式会因为语言的时间、语言交际的地点和语言交流沟通的人而产生变化，语言表达决定语言意义，因此也会对语言形式产生一定的冲击。语言形式和语言所表达的意义之间的这种矛盾会影响语言发展变化的社会因素和心理因素等外部因素，通过语言表达的意义就会转化为语言发展的内部因素，这样语言就时刻处于不断发展的变化之中。

第三节　语言的功能与特点

一、语言的功能

（一）语言的交际功能

语言是人类最重要的一种交际工具，语言交际的全民性和社会性作为语言的两个功能特性，具有它们自身的意义。不同地区的人使用不同的语言，当不同语言在进行简单的文化交流后，由于语言的差异，双方的风俗习惯、饮食方式等方面互相渗透，语言之间会出现浅层次的影响。随着时间的推移，一种语言会对另一种语言逐渐产生影响并改变其语言的系统。

（二）语言的思维功能

语言使人类具有抽象思维能力，为理性认识的形成提供了手段。语言是人类认识活动中最重要、最常用的符号形式，不论是种系发展还是个体的心理、思维发展，语言的出现都不是一个空洞无物的物理振动，而是承载着主体具体思维活动的内容。语言之所以是重要的认识中介系统，关键就在于语言的抽象性。这种抽象性使得人类思维具备了可操作性，也使之成为人类思维的物质外壳。语言的抽象性，就其内容而言，它所包含的是认识对象的一般的、普遍的、规律性的属性，使得主体能透过现象抓住事物本质，使得主体的思想具有科学性和深刻性；就其形式而言，它是一种借助于语音或者文字等物质形式来承载的具有社会性的代码或符号，作为一种信号刺激人的大脑，在大脑神经中产生一定的运动并发挥其功能。也就是说，人类世界的四维空间结构通过抽象的语言符号形式进入人脑这一物理世界中，通过刺激和反映，投射形成一个无限宽阔的思维世界，并且能在无限的思维世界中去思考和再现无限的物理世界。语言的抽象性使人类的思维能力得到巨大提升，使得人脑这个"微观世界"能够认识、把握和再现人类世界这个"宏观世界"。因为语言而具备的抽象思维能力使得人能够联通过去、现在和将来，突破时间、空间的制约，真正自由地在思维中创造一个观念的世界，达到"思通千载，视通万里"。语言使人类能进行有目的、有计划的思维活动。随着物质活动的发展，人理性思维能力的发展使得物质活动和观念活动可以分离，也就是说，可以使人摆脱具体活动的限制，人们可以在物质活动之前或之外，系统地、有计划地、有目的地统筹开展活动。

（三）语言的文化传承功能

语言与文化的关系很密切，一种语言的背后存在不同文化的历史，蕴含不同文化的交流。语言在长期的发展和使用过程中已经积淀了深厚的文化印痕，人类对语言的不断研究也促进了语言学学科的诞生。随着语言文字的出现，人类积累历史文化的方式也随着社会的发展、时代的进步得到了丰富。同时，语言文字的出现也为文化传承提供了载体，在促进社会的进步和发展方面发挥了非常重要的作用。

二、语言的特点

语言作为最重要的交际和思维工具，其基本特征对于人类认识世界、处理人与世界的关系具有重要影响。打开语言的"黑箱"，探究语言的功能和作用、语言的特点将有助于我们对其进行更深层次的挖掘。

（一）实践性

马克思（Marx）认为，实践是人类在世界上不同于动物的存在方式，是属于人独有的"生命活动"，也是体现人特殊力量的活动。动物与自己的生命活动是直接同一的，而人的生命活动是有意识、体现个人意志的，是要用来创造对象世界、改造自然的，也正是通过对对象世界的改造，确证自己属于人类的存在物。生产活动实践的发生使得人和动物相区分，人类历史开启，而语言也从中产生，成为人之为人的重要属性和特征。从本质上来说，实践性是语言的根本属性。

首先，语言产生于人类实践活动。实践是人的“类本质”，作为实践主体的“人”并不是离群索居的人，人的本质是人真正的社会联系，实践在其现实性上也同样是社会关系的总和。人与自然之间“主—客”关系和人与人之间“主—主”关系双重统一，也可以说，现实的个人进行物质生产活动，就存在这两种关系。由此可见，实践作为人本质力量的体现，不仅仅是我们通常所突出和强调的主体改造客体的对象性活动，同时也是主体与主体之间交往关系的活动。这也正如恩格斯（Engels）在考察和论述中所印证的：劳动对语言的产生具有决定作用。在人类诞生之初，劳动实践不仅使得人类具备了语言产生的机体条件，尤其关键的是为语言产生创造了社会性变革：一方面，实践作为一种有意识地认识和改造世界的人类活动，为了获得物质生活资料，最开始的人类实践活动必然是现实与个人的结合，通过群体的力量去进行感性的物质活动，建立一种“主—客”关系，为语言的产生提供了社会基础；另一方面，在实践过程中，人与人的联系和交往也产生了，人类这种有别于动物的社会性存在决定了交往活动的必要性和迫切性，产生了“主—主”关系。主体之间需要交流、沟通、对话，需要通过集体经验感知外部世界，产生“非说不可”的交往活动需求。通过主体人际关系的变革和改造，主体逐步获得实践的目的、计划、方式等，进而逐步在交往活动中提高认识和实践的能力。

其次，语言在实践中得到丰富和发展。一方面，语言不是一个自足的系统，因为语言的发展不是自发的、随意的，而是在物质生产活动基础之上的。可以说，人类产生以来的社会实践活动和认识活动都在语言和语言交往中留下痕迹。这是我们理解语言发展变化的一个根本出发点；另一方面，语言不是一个封闭的系统，随着人类物质生产活动的推进，生产力不断发展，生产工具不断改进，人类对自然和人类社会发展规律的认识和把握能力得到提升，在实践中会产生新的认识，而且随着实践层次上升，又会产生更高的认知需求，在实践与认识的反复推动过程中，更新人类认知系统，获得新的认识成果。当现有的语言无法适应外部世界的表征需求时，就会产生更为丰富的语言来指称认识对象。从语言的内容来看，词义的扩大、缩小或转移，很多词语从无到有、从产生到消亡等，都是随着时代发展、人的生产实践不断推进的，在认识世界和改造世界的过程中形成思想观念的外化和表达。

最后，语言本来就是一种交往活动，也是整个社会实践的重要组成部分。实践不仅包括反映“主—客”关系的对象性实践，还包括主体间的交往实践。当这些思想、观念和意象从具体的实物中抽象分离出来成为意指性交往时，就会上升至符号交往层次。在这一过程中，社会内容在主体间转化为符号，经社会化确认后凝固成语义，进而将无意识、动物式的自然信号系统逐步转变成承载社会意义的语言符号系统。语言意义的出现和确认使得人类的交往中介发生了质的飞跃和转变。语言成为交往实践不可分离的重要因素，离开了语言，人类改造世界的绝大部分实践活动是无法进行的，尽管只是观念上的活动，但观念不能离开语言而存在，从这个角度我们可以说，“说”就是“做”。科学技术的发展形成了物理和数学等研究中的科学语言、思维活动中进行推理论证的逻辑语言等，尤其是在信息技术条件下产生的计算机语言，这些语言本身就是实践活动中不可替代的因素，在服务实践活动的同时，本身也成为一种新型实践方式。

（二）整体性

语言是一种整体性的符号系统，其系统是由语言和言语所组成的。它不受个人意志支配，是社会成员共有的，是一种社会心理现象。言语是拥有个人发音、用词、造句特色的一部分，但不管个人的特点怎样不同，同一社团中可以互通是因为语言有统一作用。结构主义对语言理解包括两个方面的观点：一种观点试图把语言放在本体论层面进行思考，把语言与人的生活、文化、社会行为等联系起来，人的行为离不开人的语言，事物都依赖于语言。言语是一种非本能的、获得的、文化的功能，在某种程度上语言影响或制约人的思维和对世界的理解；另一种观点注重语言的结构功能，从科学主义角度思考语言，把语言中的心灵主义和目的论排除，力求获得语言的纯洁性和科学性，语言的意义被边缘化，把说话者的刺激和听话者的反应视为语言理解的核心。

（三）社会性

语言本身就是一种社会现象。语言产生于人类社会实践，是一种为别人存在也为自己存在的社会存在物。它伴随人类社会的形成而产生，随着人类社会的变化而发展，其主要功能也是社会性的，社会性是其基本特征。例如，由于经济、文化等交往的推动，语言会产生语言接触、语言分化或语言融合，有的语言甚至会随着社会发展逐步走向消亡，社会生产力的发展、生产关系的变革以及社会生活方方面面的变化都会给语言带来新的素材，产生与之相应的新词汇、新概念。人在社会交往实践中认识能力的不断提高也会使得语言的词汇意义更加精准、严密等，这些都是语言社会性的生动表现。

从根本上来看，语言的社会性根源于实践的社会性。语言是在交往实践中所产生的公共产品。语言总是先于个人而存在，个体总是生活在“交往场”中，“交往场”的积淀是一个“实践的符号化”过程，也就是说人类实践是一个生生不息的过程。在每一轮新的实践开始之前，以往的实践所形成的认识、经验等都作为一个基础和预设，影响和制约着当下的交往实践。如果没有“交往场”的存在，人类的交往实践就是割裂的、断层的，是无法延续发展的。正因如此，产生于人类实践活动的语言并不是从零开始、一蹴而就的，语言总是先于个人而存在，不受个体意志的支配和制约，语言在“交往场”的基础上随着实践的推进不断积累沉淀，有社会基础和规则，在保持语言系统稳定性的同时不断注入当下时代和社会认识的新鲜成果。个体只有介入一定的语言系统中，才会逐步介入其所维系的社会关系中，也可以说，语言的社会性能把人引入社会关系网中，能使人参与社会实践活动。

语言的社会性产生了人的社会性。作为一个符号系统，语言是人类认识活动的产物，语言不是自我生成和发展的，不论从哪一方面来说，都是“现实的人”的活动结果，离开了“人”这一主体，语言不可能产生，也不可能发展。不同于脱离社会历史发展、孤立地考察人的静态认识成果的畸形认识论，马克思主义哲学认识论密切关注人的社会存在和发展。作为认识的主体，人是一切社会关系的总和，在社会中进行对象性实践和交往实践活动，这就决定了人类认识从一开始在本质上就是社会性的。语言是属于人的，人是社会的人，人类从一开始就处于一定的社会群体中。

总之，语言需要通过社会交往和实践才能被习得，单独的个人、脱离社会离群索居的人不可能掌握语言。相比而言，动物也具有信息交换的能力，但动物的群集关系出于本能，其活动方式并不具备严格意义上的社会性，因而其信息交流属于物理性刺激的第一信号系统，而语言是独属于人类的第二信号系统。认识在本质上来看是一个社会化过程，语言大大地促进了认识成果的交流，拓宽了视野，因此也极大地深化了人与人之间的社会性关系和联系，也正是在不断深化的社会性关系和联系中，语言可以实现更好地运用和传播、丰富和发展。

（四）逻辑性

语言具有逻辑性，是生活中的一部分。分析哲学的逻辑语言学派注重语言的逻辑性，他们认为语言应精准地描述事实，追求一种公设格式，语言的语法形式不应该模糊或掩盖其语言本质的逻辑形式。所以，应该利用逻辑净化语言，并排除语言本身的混乱和误用，可以用一套严密形式化的合乎逻辑的理想语言系统来改造或替代日常语言，进而避免传统形而上的种种混乱。日常语言学派注重语言的生活性，认为语言源于人的生活，与人的生活紧密联系在一起，语言与生活之间无法割裂。

因此，随意改造语言是改造人们生活的一种形式，决不存在一种能够统摄全局的，并且高于人们日常生活语言的逻辑语言。凡是脱离人生活的语言都是无意义的，它将不会表达人的意义。只有生活中的语言才能表达人的意义，才能找到人对语言理解的界限，这种认识世界的界限恰恰源于人的生活语言。

语言是能够被理解的存在。通过语言，存在得以显现。谁拥有语言，谁就拥有世界。人们把语言安顿在语言自身和人的存在之中，语言是人的居所，人居于语言，归于语言。把所有的一切居于语言之中，包括人、世界和宇宙，语言便成为人们的居所，是人们存在的心灵港湾。失去语言便失去这一切存在，也失去人本身。

（五）历史性

语言孕育和发展于人类历史的洪流之中，语言的语音、词汇、语法结构的形成和确定是许多时代的产物。特定的历史时期会产生特定的语言，语言会刻上历史和时代的烙印，反映历史的发展变迁，也正因为此，语言是社会历史的“化石”，而且是一种独特的“活化石”。语言记录了人类历史发展中的思想、观念，凝练了不同历史阶段对客体世界的认识成果，形成了人类绵延不断的认识史。可以说，语言既是历史的产物，也构成了历史本身。

语言的历史性根源于语言是现实生活的表现。现实人的活动都是在特定历史条件下具体的活动，而产生于人类实践活动的语言是对该时代的反映，因而不论在人类发展的哪一个阶段，其活动都不可能跳脱出当下历史条件的制约，这也就决定了语言的历史性。一切历史新的制度、思想、观念或认识成果的产生都会在语言中找到痕迹，现实人的历史活动发生变化，语言也会相应地留下印记，因而某一具体历史时期的生活方式、价值观念、风俗习惯等都会在语言中有迹可循。人类在实践活动中创造历史，也在实践中产生语言，在认识和改造世界的过程中，历史不断前进，思维和思维者的产物也随之改变，作为思维要素和现实表现的语言也在历史进程中演化。

语言作为一个过程的集合体，决定了其具有历史性。虽然语言是一个相对稳定的符号系统，但语言并不是封闭的，而是开放的，是一个动态的、辩证发展的过程。在保持稳定性的同时，语言处在一个不断生成、变化的动态系统中，随着世界发展和人类活动过程的推进发生演变，逐步出现语言差别。因此，语言应该放在具体的历史阶段和过程中去理解。语言总是处于历史活动过程之中，脱离了具体历史时代和关系去理解范畴或概念是无法把握其本质的。

语言是“物质”和“精神”的双重统一，思想史可以说就是一部语言史。语言不仅是进行思维活动的中介工具，同时又是思维活动成果的记录工具。不论是口头语言还是记录语言的文字形式，都具有物质性和精神性双重属性，也正是其双重性使得人与人之间交流沟通成为可能。

随着人类社会的发展推进，不同历史阶段的实践经验最终都以语言的物质形式予以外化和交流，进入我们的认知领域，形成概念、思想或者知识来储存和传播，语言中也就自然而然地留下了思维的烙印。从人类认识的系统发生和发展来看，从原始思维到抽象思维再到高度形式化的符号思维，其认识成果都在语言上有迹可循，我们可以透过语言的发展变化看到作为使用主体的现实人的生存状态、实践活动的发展变化，同时可以看到人类认识的发展变化。

第四节　语言的结构与建构

一、语言的结构

（一）词汇

在语言的结构中，词汇是最重要的。语法规则组词造句就可以产生话语中无穷多的句子。词汇的范围要大于词的范围。词汇是一种语言中所有的词和词组等固定用语的总汇，既包括“天”“地”“人”“跑”“美丽”等词，也包括“哗众取宠”“井底之蛙”等成语，也有“磨刀不误砍柴工”“吃一堑，长一智”等俗语的惯用性词组，因此，词汇也称语汇。

根据语言学分类，词一般可以分为实词和虚词。名词、动词、形容词、数词、量词、代词等传统上归入实词，其他归入虚词。当代语言学理论也将词分成词汇语类和功能语类。其中，词汇语类是指具有实在语义内容的词或语素，相当于传统所说的实词，但与实词的外延有差别，而功能语类是指那些语义内容比较空灵或者说语义较虚，只是具有某种语法功能的语类。

核心词常常是单音节，而且构词能力强，常常作为语素构成复合词。一般词汇也很重要，社会的发展变化首先反映在一般词汇中，我们可以从一般词汇的更新中把握社会发展的规律。与语音和语法相比较，词汇在语言系统中属于变化最快的部分。词汇变化的原因有三种情况：一是语言系统内部词语替换；二是由社会文化的变化而引起的词语替换，如中华人民共和国成立后，汉语中很多词语由于被认为观念上不适合而被替换，如车夫—司机，洋火—火柴，信差—邮递员等；三是受到另外的语言系统或方言系统的影响而引起的词语替换。

词和词汇是语言的核心内容，同时也是认识世界和理解世界的坚实基础。所以，词汇的构造不仅丰富语言系统本身，它还包含着各不相同的思想领域，使其建构和表达各不相同的理解和意义，词汇的重要性尤为突出并占据着决定世界意义的作用。我们一直依照词汇所隐藏的含义理解世界。

词和词汇不仅是语言学意义上组成语言系统的基本内容，也是通过现实世界的实在物和思想世界的意义核进行固定的概念。这种概念隐含的内容和意义极其丰富、包罗万象。因此，我们单从语言学理论层面进行归纳和穷尽其表达的意义似乎变为一件异想天开的事情。词汇不仅是组装语言系统的一个螺丝钉或零件，更是表达整个世界的全部，一定意义上世界被词汇驾驭和表达。有了词汇我们的思想才有了着力点，有了抓手，随之整个人类思想才会不停地前行。词汇源于人的日常生活，是思想的基础。日常语言中的词汇表达具有极其重要的意义，它们是人对生活的体验和理解的经验表达。没有这些词汇的积累和沉淀，我们将无法认识和理解这个世界。

（二）语法

每种语言都有自己的语法结构和使用习惯。由此可知，语言学家的贡献不可低估。语法规则具有高度的抽象性，因此也具有巨大的稳固性。语法在语言使用中扮演着至关重要的角色，它所制定的规则是恰当命题赖以形成的基础。这种基础类似于语言的地基，是坚实稳固的，不能被轻易移位，即便一个语言的语音或词汇在使用过程中发生了变化，可是组织这些语句和安排词汇的最深层的结构规则仍然保留并发挥了作用，不轻易发生变化。这也是语言学家对语言进行研究的一种方式，即通过对一个定式语言深层结构规则的探究，推导出语音和词汇的最初形态及其表达的意义。语言的根本差异实则为语法结构的差异，并且这种现象在语言的翻译工作中表现得尤为明显。语法结构代表着一个人的思维习惯或文化风格，所以我们在翻译过程中只能译出内容，很难全盘地译出其语言的精神即结构规则。

用一种规定不变的生成原则构成正常的语言应用无限量的个人“创造”行为确定范围，才会出现美国语言学家乔姆斯基（Chomsky）提出的生成语法这一新理论。乔姆斯基认为，一个人的语言知识以某种方式体现在人脑这个有限的机体之中，因此语言知识就是一个由某种规则和原则构成的有限系统。一个会说话的人能讲出并理解他从未听到过的句子，而且这种能力是无限的。如果不受时间和注意力的限制，那么由一个人所获得的知识系统规定了特定形式、结构和意义的句子的数目也将是无限的。不难看到这种能力在正常的人类生活中得到自由运用，这种生成语法科学地揭示了一个人的语言能力和人对语言组织的无限可能。

语言中的语法不仅是一个语言最初形成的基准主线，更是这个语言的精神结构和生命格局，揭示了语法和思维方式的文化通约性。语法是发起一个人怎么说话的规则和背后的发动引擎，我们说话的内容无非通过两种方式表达最为直接，一是语音，二是词和词汇。世界的意义通过语音的表述而展露，而语音其实就在表达概念，即词和词汇。词和词汇组合成世界这个概念，世界的概念建于词和词汇之上。世界这一概念是通过词和词汇的固定并对其赋予意义之后才得以认识和理解的。因此，一定意义上我们是在以无数词汇所构筑的世界的概念之中进行生活的。

二、语言的建构

“建构”一词的含义比较抽象，是一个借用于建筑学的词语，原先是指建筑起一种构造，后来扩展到其他领域。结合“建构”一词的含义，语言的建构可以理解为说话人在头脑中抽象地建立和建构语言的过程。说话人要对头脑中储备的语言词汇进行重新筛选和组合，以便能清晰、明确地表达自己的思想，在这一过程中，词汇筛选重组的过程就是说话人语言的建构过程。

语言的建构是利用语言体系中丰富的语言材料构成语言话语，同时不断创新话语，从而在约定俗成的话语之后充实了语言结构体系。在语言建构过程中，语言的交际功能和思维功能是语言的建构基础，语言结构都要以此为依据进行语言构建，因此语言的建构时刻处于动态发展变化之中，新的话语在建构的同时也不断丰富着语言体系中的创新话语。

语言的建构具有阶段性和连续性两大特性。语言的阶段性建构保证了语言结构的相对稳定性，这样就能充分满足人们在语言交际中的语言需要；语言的连续性建构满足了语言结构不断发展的需要，同时也能满足人们在语言交际中不断增长的语言需要。

语言的结构和语言的建构共同作用，共同促进了语言的发展。语言的结构和语言的建构两者之间存在密不可分的联系，语言结构在语言建构的作用下能不断适应语言的社会交际需求，语言体系也会因此而丰富。

第二章　语言学基础理论

语言在人类活动中能表现出人的特点，以语言为研究对象的语言学成为人类研究语言现象的一门学科，要想深入了解语言学这门学科就要认真研究语言学的基础理论。

第一节　语言学的性质与分类

一、语言学的性质

语言学既属于人文科学，又属于自然科学。语言学这种特殊的、介于人文科学和自然科学之间的特点，或许是它的魅力所在。语言学之所以处于人文科学和自然科学之间，主要是由其研究对象的独特性和复杂性决定的。确切地说，与人类有关的方面，如生物、生理、心理或历史、文化、社会，均与语言有密切的关系。不管人们出于什么目的，是关心人还是研究人，都离不开对语言这一要素的研究。

语言学对每一门学科而言都是至关重要的。语言是一种工具，毫无疑问，语言学研究对整个人类科学的发展有着重大意义。对于语言学的评价，有褒也有贬。褒扬语言学的人认为，语言学是一门“先驱科学”，其成果对研究其他学科非常有利，其理论和方法可以被其他学科借鉴。贬低语言学的人认为，语言学是一门“海盗科学”，因为其很多概念、术语、理论、方法都是从其他学科中借鉴而来的。虽然两种态度截然相反，但是这说明了语言学在诸多学科中的独特地位，可兼收并蓄。

对语言学而言，语言既是它的研究手段，又是它的研究对象，这种手段和对象统一的学科是极为罕见的。人们在分析和考察语言学时必须借助语言，人们在谈论语言学时也必须借助语言，用词语注释词语，用句子讲解句子。当然，现代语言学也使用数理手段，借助数字、公式等研究语言，但其无法脱离语言进行表达。

二、语言学的分类

（一）具体语言学与普通语言学

具体语言学通常会专门研究一种具体语言或者一些亲属语言，其任务是对某一具体语言的特点和体系进行描述和研究，并且找到语言的规律。

普通语言学的任务是研究不同语言的共同规律与一般原理，是在概括各种具体语言与亲属语言研究成果的基础上建立起来的。普通语言学的一般原理对具体语言学的研究有指导作用，反过来，对具体语言学研究得越多、越深刻，普通语言学的内容就会越丰富，概括也就越全面。

（二）共时语言学与历时语言学

共时语言学主要探讨语言系统的构造，历时语言学则考察语言系统的变迁。区分对象的共时状态和历时过程是科学研究的需要。语言的共时平面只需从一部词典、一本语法书中就能领略到，因为语音、词汇、语法体系均在其中。

索绪尔对共时语言学和历时语言学有过全面的分析，他认为共时语言学研究的是不同要素间的关系，而历时语言学关注的则是一个要素在时间上代替了另一个要素。索绪尔对共时语言学的研究可以概括为如下三个要点：一是这些要素是同时存在的；二是这些要素构成了一个系统；三是这个系统、这些要素为同一个集体意识所能感觉得到。对历时语言学的研究则可概括为如下两个要点：一是所关注的是某一个要素本身；二是这些被代替与代替的要素并不能构成一个系统。共时语言学所关注的系统内要素之间的关系，或者说要素间的差异，使得这些要素产生了索绪尔所说的“价值”。

（三）理论语言学与应用语言学

理论语言学主要对语言现象进行理论研究，概括语言事实，形成科学的原理。当运用理论语言学解决实际问题时，就会形成应用语言学。理论语言学的根本任务是系统且深刻地研究语言学基础理论，为应用语言学提供指导意见与科学依据，解决各个领域中的应用问题。应用语言学既要应用理论语言学的原理，又要研究应用过程本身，因地制宜地应用语言理论解决实际问题。

（四）宏观语言学与微观语言学

整个语言体系是宏观语言学研究的对象，而语言的微观变体是微观语言学研究的对象。对宏观语言学和微观语言学的划分，与语言内部差别的研究有密切关系。语言既是音义结合的词汇和语法的宏观体系，又是处于一定相互关系中的微观变体的总和，其中有语言结构内部的变体，有受社会制约的结构变体，也有语言变体，还有使用者的个人变体。

（五）结构语言学与建构语言学

1. 结构语言学

结构语言学是语言学的一个分支，其主要特点是关注语言的共时性原型特征、语言内部的结构关系，而弱化语言的历时性演变、语言要素的演变等问题，旨在探寻语言的结构原型。其研究语言的方法体系在之后被运用于社会学、人类学以及建筑学等其他学科，形成了结构主义的方法体系。

索绪尔的课程讲义《普通语言学教程》的出版标志着结构语言学的诞生。索绪尔将语言定义为“一种用于表达观念的符号系统”，虽然书中尚未提及“结构”这一概念，但这里的“系统”概念被后来的语言学研究者以“结构”一词更准确地表达。索绪尔在论述结构语言学时，建构了一系列的概念对立关系，如言语和语言、历时性和共时性、能指和所指、任意性和不变性等，通过这些概念的比较和区分，明晰了结构语言学的研究思路和关注重点。索绪尔的结构语言学的主要观点可以归纳为三点：言语作为语言的呈现载体和研究对象、共时语言学角度下的静态结构、要素在系统中的概念价值及相互关系。

①言语作为语言的呈现载体和研究对象。《普通语言学教程》中的第一组对立概念——言语和语言阐明了结构语言学研究立足日常与乡土。言语是使用中的语言，如日常对话和文本等，语言是指语言的规则、要素、关系构成的整体系统。这一区分方式是将语言的结构与表征进行了区分，语言无形地控制着、引导着言语的使用，而言语以碎片的方式反映着语言的结构。法国思想家罗兰·巴尔特（Roland Barthes）曾对索绪尔的这一区分作如下解读，语言结构是一个纯抽象的实体，一种超越个人的规范，一种基本类型的集合，它们被言语以无穷无尽的方式实现着。[①] 此外，瑞士心理学家让·皮亚杰（Jean Piaget）也曾说，言语表达是一种集体制度。[②] 这一思想将言语和语言从一个概念中剥离开来，认为语言学的研究应当从混沌而碎片化的言语中梳理和演绎语言的系统性结构。

②共时语言学角度下的静态结构。历时性和共时性是语言学研究中的又一组对立关系，历时性一般是指研究一种或多种语言在时间中的演变，在现代语言学

① 罗兰·巴尔特．符号学原理［M］．李幼蒸，译．北京：中国人民大学出版社，2008.
② 让·皮亚杰．结构主义［M］．倪连生，王琳，译．北京：商务印书馆，2011.

出现之前，这是语言学研究的主要方向。在索绪尔的理论中，共时性更为重要，他认为，我们要集中在某一个状态才能把它加以描写或确定使用的规范。要是语言学家老是跟着语言的演化转，那就好像一个游客从汝拉山的这一端跑到那一端去记录景致的移动，因为任何变化或修改都只影响孤立的成分，而不是整个系统。所以在结构语言学的研究视野中，语言系统内部静态的结构关系相较于动态的演变而言，蕴含的是语言的结构和系统，且能够剔除历史变化因素对结构研究所带来的干扰。基于共时性的角度，结构语言学选择的研究对象往往是某个语言状态的静态样本，或者说是时间的切片性截面，试图忽视时间对结构的影响，而更关注时间截面上的结构和要素关系，即使研究同一语言在不同时间节点上的状态，也主要关注语言在时间中不变的结构呈现，而非演变的规律。共时性的角度体现了一种对原型的探索，认为结构是不随时间而变化的基础。共时性的研究也对其他学科领域研究产生了深远的影响。

③要素在系统中的概念价值及相互关系。与语汇学研究不同，结构语言学忽视要素个体研究，也不重视语言的单位界限的划分，而主要关注系统中的要素概念价值及其相互关系。索绪尔认为，任何符号如没有意义，它就不是语言。由于语言是一个个相互依赖的要素（所指 / 能指）所组成的符号系统，意义的构成只取决于语言要素的各种关系。索绪尔把语言学定义为研究符号组合规律的学问，他摒弃了传统的关注字词与事物关系的方法，认为语言符号是由能指及所指两层属性共同组成的。语言符号连接的不是事物和名称，而是概念和音响符号：概念为语言符号的所指，音响符号为能指。索绪尔利用能指和所指将语言进行了分层，这是结构语言学对语言概念的又一次分离。基于能指与所指的区分，索绪尔弱化了语言具体单位在语言研究中的重要性。索绪尔认为，语言不是许多已经预先划定、只需要研究它们的意义和安排的符号，而是一团团模模糊糊的浑然之物，即结构系统中的语言要素是互相关联的，因此在语言中划分单位界限是困难的，进而他提出，如果一门科学没有我们能够直接认识的具体单位，那是因为这些单位在这门科学里并不重要。[①] 这一观点弱化了语言要素的单位概念，而认为语言存在于一团团模模糊糊的浑然之物中，这里可以理解为日常言语中的片段或段落，是系统中的概念价值将无序的要素组织成有意义的语言表达。所以，语言的研究需要关注要素在系统中被赋予的概念价值以及结构系统中的组织关系，而非要素的单位本身，如单词的发音变化等。索绪尔的语言学相较于传统语言学在许多观点上有着全新的认识，他重视日常语言的碎片、以共时性的角度探究静态的结构

① 索绪尔．普通语言学教程［M］．高名凯，译．北京：商务印书馆，1980.

关系，将语言的形式与概念进行分层，这些观点都将语言学推向了一个结构化的研究阶段。

2. 建构语言学

二十世纪六十年代以前，语言学对语言本质的研究还停留在语言的性质研究上。建构语言学不仅强调对语言结构系统和相关描写语言现象的继续研究，还重视对语言运用情况的研究，提倡对语言规律进行探索。从研究的本质和对象来看，建构语言学和结构语言学的研究是截然相反的。

“建构”一词在建构语言学中具有双重含义，既指通过语言素材来建构话语，又指通过社会语言革新来建构语言系统。在交际中运用语言的时候，既要遵守语言的基本规律，还要对语言情境进行分析，同时要对语言交流沟通的目的进行考量，合理选择交际的语言素材，适当地组织语言。

语言的结构是建构语言的一个阶段，建构语言总是在进行。人们在社会交流沟通的过程中，语言会随着语境产生新的变化，而这些语言新变化一旦被社会所承认，就会成为一种语言现象，这些语言现象会被纳入语言系统中，不断丰富着语言系统。在这个过程中，一些陈旧的、过时的语言形式将被逐步舍弃，并逐步退出共时语言系统。

交际中的各种共时现象累加构成了历时现象，这个过程就是语言体系的不断建构，当今语言学已经进入了建构语言学的阶段。

第二节　语言学的主要流派

二十世纪初，索绪尔的《普通语言学教程》颠覆了西方的语言学研究，其建立的共时分析语言学是对历史比较语言学的革新。索绪尔语言学对历史比较语言学的颠覆表现在索绪尔对语言学研究方法的革新上：由关注语言外部不同地域的历时演变转向关注语言内部不同语系的共时分析。索绪尔对整体语言的关注把语言的社会性作为共时分析语言学的前提，因此，索绪尔提出的语言学确立了语言学学科的普遍研究对象——整体语言。

在对整体语言的关切和共时分析语言学的原则下，索绪尔创见性地提出符号这一概念。语言符号的构成要素是能指和所指，能指指向语音层，即声音模式或书面文字，所指指向概念。索绪尔提出的符号这一概念与索绪尔的语言学立场息息相关，即语言学是符号学的一部分。当符号系统形成时，能指和所指的关系就不再是任意性的，相对固定的社会契约保证了能指与所指关系的确定性。

符号的本质属性是社会性这一论断符合索绪尔对符号学的设想：索绪尔认为符号学现象的内在要素就是社会集体性和其制度性，语言作为一种关涉于形式的事物，也必然属于符号学，以符号的社会性属性为根本前提，在此意义上，索绪尔语言学研究的普遍对象——整体语言以及语言学的研究原则——共时分析原则共同决定了语言学只能是符号学的一部分。索绪尔的语言学研究为各学派的出现打下了基础。

一、布拉格学派

以俄国语言学家罗曼·雅各布森（Roman Jakobson）为代表的布拉格学派在研究语言的深层结构方面取得了重要的成果。在二十世纪初，布拉格学派创立了音位学体系，将结构的角度在音位学体系中进行了更为深入的应用。

布拉格学派的研究内容为音位的结构和结构的功能。布拉格学派的主要观点如下：研究言语的能指的学问叫作语音学，而研究语言的能指的学问叫作音位学。它的另一个特点是不仅研究内部语言学，对广义的语言学问题也很感兴趣，还会运用语言学理论研究文学作品等其他领域。

二、哥本哈根学派

哥本哈根学派是由丹麦著名语言学家路易斯·叶尔姆斯列夫（Louis Hjelmslev）创建的。他认为语言是一种符号体系，而其特点只有在与其他不同种类的符号体系（如文学体系、舞蹈体系等）相对比时，才得以清楚地呈现。哥本哈根学派还认为，语言学研究不能仅限于语言现象的范围之内，而应拓展到更广泛的人类问题上，即认为语言作为人类特有的现象与人的本性有紧密的关联，把语言看作人类诸多符号体系中的一种。

哥本哈根学派的研究内容为语言与社会的同构性，特别注重语言的组合关系，认为语言符号是由表达形式和内容形式所构成的单位。语言学的任务是研究表达平面和内容平面的关系，注重语言与社会的结构性联系，将语言看作诸多系统中的一种。

三、英国语言学派

英国语言学派的代表人物是英国当代语言学家韩礼德（Halliday），他认为语言是一个不断被交际方建构和重构的意义潜势，是语言使用者不断注入个人意识、融入文化背景和参与社会协商的结果。语言成分在从每个系统中进行选择时，都会受到社会文化语境、思维认知能力、个体心智特征等的共同制约，形成完善又复杂的系统网络。因此，韩礼德的系统功能语言学不仅具有语言描写的精密性，也解释了语言与认识思维关系等方面的思想基础，满足了人们对于语言意义、语言共性和差异的深入认识。

四、美国结构主义语言学派

美国结构主义语言学派（又称描述语言学派）是由美国语言学家莱纳德·布龙菲尔德（Leonard Bloomfield）创立的。这一学派在二十世纪三十年代形成以后，曾在二十世纪五十年代兴盛于美国学术界，且在世界范围内具有影响力。美国结构主义语言学派强调在人类的日常行为中研究语义的结构，并坚持要揭示行为过程和语言的使用过程关系，因此，他们的研究原则又被称为“行为主义的原则”。

美国结构主义语言学派的研究内容为描述语言学，研究行为与语言的关系，将语言看作一个“信号系统”，注重语言行为的描写，而不注重语言能力的解释；着眼于语言间的差异，而不重视语言的普遍性；只研究语言本身，而不重视与语言有关的心理因素和社会因素。

上述语言学派的基本理论观点各有特色，其运用的方法也更加丰富，包括归纳演绎、音位—功能结构分析、言语描述与类型学分析、语言结构切分重构等。

语言学的主体理论仍然是建立在索绪尔主要理论基础之上的，后人以此为基础在不同分支上进行了发展，而后又出现了一系列更丰富的分支和研究体系，且在其他相关学科中得到了更广泛的应用，语言学的相关理论和方法体系随着这些应用的探索和经验累计而变得更加丰富多样。

第三节　英语语言学的理论重点

一、英语语言学的语言研究

语言学作为一门学科，就要有语言学的研究对象、语言学的理论和语言学的方法等方面的基础知识。例如，英语语言学的基本知识包括字母、音标、单词等。英语语言在各领域的应用过程不同，所以对于词汇量的要求和专业词汇的要求规则也不相同。英语语言学在经济、商务、医学、法律等方面的应用都非常广泛。

在国际性的交流沟通中，主要涉及英语词汇、英语语法等方面的英语知识，人们在交际中会从一些细微之处来判断交际对象的水平和专业性，所以英语语言学的语言研究要在英语专业词汇的描述、交流中的语言矛盾冲突、建议和意见等方面投入较多的精力。同时，由于在不同的交际环境中英语语言起到的作用也不一样，因此对于不同的交际场景要注意区分英语词汇、交流沟通的语气、英语语言结构等。在英语语言应用中要注重英语语言学产生的价值，学习英语语言的过程就是价值转化和体现的过程，要在不同领域体现出英语语言不同的价值。

二、英语语言学的价值

英语语言学是一门非常重要的学科，英语语言在国际交流中应用最广泛，也有着自己独特的特点和价值。英语语言应用在不同的领域也有不同的分类，英语语言的价值侧重点也不同。因此，英语语言在实际应用时要对其进行分类，这样才能更好地应用英语语言。一方面，在英语语言的统一应用上要符合英语基本的词汇量的基本规律，要符合英语基本的翻译价值的基本规律，符合英语语言经济价值的基本规律，同时也要符合英语语言教育价值等方面的规律；另一方面，英语语言在分类应用上也要遵循不同的英语词汇应用重点的规律，如在具体的英语语言交际环境中使用特定的语言分类，在不同的领域应用专业性的英语语言。英语语言学作为一门重要的语言学科也在不断地进步和完善，因此英语语言学在翻译、教育和经济方面具有重要的价值，也在实际的国际交流中有广泛的应用。

（一）翻译价值

在国际交流的过程中，双方可以通过英语来沟通，这就需要专门的翻译人员来进行翻译。只有将专业术语准确地翻译出来，才能体现出其真正的价值，所以英语语言学的研究包括翻译方面。同时，在翻译的过程中对自己国家的文化也要有所体现，这就需要翻译者的应变能力和文化素养。在翻译具体的法律文献、经济规则、合同协议的时候注意具体专有名词的使用。英语语言学在翻译方面的特点和应用原则都是研究的重点。

（二）教育价值

人们在生活中对语言学的认识和理解决定着语言学的教育价值。语言学的教育价值是从对语言自身的理解开始的，即有什么样的语言理解，就会产生什么样的语言学教育价值。对语言的理解决定着语言学的教育价值的走向，这表示人们对语言的理解和定义是多样性的。语言是人类认知世界及进行表述的方式和过程。

我们不强调系统，不强调交际，而强调认知与表述，因为这两者才是人类特有的功能。不强调工具，而强调方式，以体现语言的主体性而非客体性。对语言学的教育价值、形式和方法的理解都来自我们对语言自身的理解。一个人学习和接受自身所掌握语言的语言学教育价值意味着这个人对本语言的理解在进一步加深和巩固，由此可知，语言学的教育价值对一个人的重要性毋庸置疑。语言学的教育价值是教育的重要组成部分，是一切教育的基础和前提，并在根本上服从和影响着教育走向。没有语言学的教育价值，就谈不上知识教育，就不可能使国家的文化、社会和经济全面发展。语言是学习的对象，属于教育内容的一个重要部分，这种语言从本质上讲是工具意义上的语言。语言是一种需要掌握的工具，教育要帮助受教育者掌握对人而言至关重要的工具。美国教育家约翰・杜威（John Dewey）也指出了语言与教育的关系：一方面，语言经常不断地应用于学校的所有训练上，也经常不断地应用于各门学科上；另一方面，它自身又是一门独立的学科。语言也需要工具意义上的使用，是思维的工具，是应用于各学科的工具。这就是从教育哲学层面讨论语言学的教育价值。

语言是德育、智育、体育、美育的承载者，语言学的教育价值有其独特的生命意义。语言学带给教育的四种意义，即教育研究的四种语言学取向，分别是知识论的语言学取向、技术论的语言学取向、艺术论的语言学取向和存在论的语言学取向。教育研究应秉持存在论的语言学取向，以使我们的目光转向教育存在和生命的基本问题。面对语言问题，教育学立场下的教育研究是以人的发展为指向的，它关注的核心是教育的价值。教育学要完成自己的使命，不但要重视语言本体论意义，还要关注在语言中做事。也就是说，教育学关注语言本体论并不等于远离教育语言实践，或放弃语言的工具意义。语言学的教育价值源于对语言和教育自身的理解，语言以教育的形式渗透在人们生活的各个领域，而教育促使人们走向语言，对其进行深层次的理解和把握。语言与教育是相互的，它们存在于相互之中并形影不离。所以，对于语言学的教育价值来讲，不仅对语言本身的理解决定着语言学的教育价值的走向，而且对教育的理解也影响着语言学的教育价值的走向。因此，我们应该从不同的学科视角，应用不同的具体方法对此进行研究和解读。

对于语言学的教育价值存在的目的来讲，应该从语言自身的理解进行思考。语言是一种本体性的东西，它的意义来自社会文化的传承和人类精神遗产的传递。要想成为完整的人，须靠语言的传承。语言现象渗透于人们生活的各个领域，也时刻影响着儿童的思维发展能力。所以，语言学的教育价值既不是在学校各门学科训练和应用的一种简单的教育形式，也不是语言作为独立学科的一种传递语言自身学科性质的教育形式；它是自人类繁衍生息以来存在的一种基础性的教育形式，是建构人类生命理解的智慧过程，也是人类进行一切教育的基础和前提。

英语语言学在国际交流中越来越重要，面对这一发展趋势需要培养众多的英语专业人才，再根据不同领域进行区分，保证每一个领域都有专业人才，这就需要把教育作为媒介，把理论知识传授给学习者，学习者再把理论知识运用在实际工作中，更加方便国际交流，所以英语语言学具有教育价值。在教育的过程中，要注重培养学生的实践能力，要创设不同的情境来传授学习者对问题的分析、解决能力，而且英语语言学的研究者也要有丰富的实践经验，在研究的时候要注意其教育价值的体现。

第三章　英语语音学理论与应用

语音是英语语言的一个重要部分，学好英语语音是学好英语的基础，学好英语语音对拓展英语词汇以及提高听力理解和阅读理解能力，掌握语法规则有着积极作用。英语语音是英语教学体系中的一门重要课程，然而这一课程的日常教学效果却不尽如人意。有些学校只是一味地对现有的教学模式进行照搬照抄，并没有结合自身的实际情况提出相应的教学策略，而英语作为一门语言类学科，需要教师在教学活动中重视语音教学并与实际结合。教师在英语教学活动中，需对语音教学投入足够多的精力。

第一节　英语语音学的基本理论

一、语音学的概述

（一）语音的概念

语音，即语言的物质外壳，是语言的外部形式，是最直接地记录人的思维活动的符号体系。它是人的发音器官发出的具有一定社会意义的声音。人类的交流大多数时候是以口头的语言表达形式发生的。声音是由人的声带产生并传达信息的。口语的媒介就是有声语言。所以，我们把有声语言称为语音，把对于有声语言的研究叫作语音学。

凡是人们说出的用来进行思想交流或情感表达的声音都叫作语音。语音的四要素为音高、音强、音长、音色，这四种要素的不同组合就形成了不同的语音。人们在与他人进行交流的时候，主要使用的就是语音，语音是人们交流的主要工具之一。为了便于沟通交流，我们所使用的语音不仅要标准，而且要规范。学会标准规范的语音能为学生之后的英语学习打下很好的基础。英语标准语音通常是指英格兰东南部的人们所使用的发音，并应用于英格兰中上层阶级和新闻广播当中。

（二）语音学的概念

语音就是人类说话时发出的声音，是语音学研究的客体。语音学是研究人类发音特征的一门科学，是语言学的一个分支。它使用特有的方法和体系去描述发音，包括建立相关的理论和开展实用性的研究，如语言发音的主要机制、声音的特征及交谈中的各种音调。语音学研究了发音的动作、语声特性和听感，不同语言有自己的发音特点。因此，现代语音学的研究需要同时具备自然科学和社会科学的知识。

语音学的研究范畴包括声学语音学、听觉语音学、发音语音学三个方面。声学语音学研究的是声波的频率、时长、振幅等语音的物理现象，需要利用示波仪、声谱仪等仪器把声音传导为可视的图像，以此来得出声波的频率、振幅等数据。听觉语音学研究的是听音者接受语音历程中人耳、神经系统以及大脑对语音的处理和解释。虽然现代医学对耳朵的解剖学及生理学的研究已经很先进了，但是想要测量听音者神经系统和大脑的反应仍然是很困难的，因此，现代语言学家仍需加大对听觉语音学的研究。发音语音学研究发音器官是如何发声并协作发声的。发音语音学就人体的声带、口腔、鼻腔、气流的科学运用和发声做了深入的研究及详细的阐述。

（三）英语语音教学的概念

英语语音教学是教师根据学生的特点，为他们讲解语音相关理论及规则，并在课堂上通过合理安排相应的活动，循序渐进地对学生进行语音语调方面的训练，从而使学生熟练掌握语音知识和技能，最终达到能够运用语音知识和技能与他人进行交际的目的。

英语语音教学主要是指通过教学使学生掌握一定的英语语音知识以及与英语语音相关的能力。其中，英语语音知识包括音段音位知识和超音段音位知识。学生要能够掌握二十六个字母以及常见的元音、辅音和字母组合的读音和书写，能够根据重音、语调和节奏等语音方面的变化来感知说话人表达的不同意思，准确地理解说话人的态度和意图，体会重音、语调和节奏等所具有的表意功能。

英语语音能力是指学生能够掌握拼读的相关规则，以此获得拼读能力，做到见词能拼、听音能写，包括听辨能力和操作能力。也就是说，学生能够把口语中的声音细分为较小的语音片段，再对这些语音片段进行相应的操作。听辨能力是指听辨单词首音、尾音和中间音等。操作能力是指在听说层面对音素进行组合、切分、替换、删除和添加的能力。就是说，学生能够把他们所听到的单个音素组合成一个完整的单词，再把听到的完整的单词切分成许多个单独的音素，并且能够对音素进行一系列的操作。学生能将听到的完整的单词切分成许多个单独的音素，并对这些音素进行一系列的编码，将音素拼成对应的字母或字母组合，从而完成整个单词的拼写。由此可见，英语语音教学的实质是使学生掌握字母知识，并能够将字母的音素和字素联系起来，做到听音能写，见词能读，实现从“听说”到“读写”的顺利转化。

从教学内容来看，早期的英语语音教学主要关注音素和单词的发音。然而，随着交际法的兴起，语音教学的重点逐渐转向超音段音位。在新课标中，英语语音教学主要强调读音、重音、节奏、语调、连读等几个方面。教师的目标是根据学生的年龄和身心发展特点，向学生介绍和渗透与语音相关的理论和规则，并通过各种活动加强学生在课堂上对语音和语调的练习，逐渐提高学生的技能水平，并最终能够运用所学的语音知识与他人进行交流。

对于学生而言，语音教学的目标主要是培养他们的发音能力，进而提升其非语音知识掌握水平。也就是说，学生需要能够正确地读出英语单词和句子，理解英语语音规律，并有能力根据单词的外观猜测其发音。对于学生来说，掌握语音知识只是一个辅助手段，更重要的是能够运用这些知识和技能进行实际的交际。

（四）英语语音教学的分类与分期

1. 集中学习：“语法翻译法”时代的语音教学

语法翻译法以翻译和语法学习为主，从十九世纪开始用于现代语言教学中，至今还有许多国家在使用。其课堂模式大致是先翻译描述整篇课文的大意，再把课文逐字逐句地翻译成母语，然后对语法规则进行演绎讲解，最后再对单词、句型和文章进行翻译练习。该模式注重词汇和语法的学习，强调阅读和写作能力，而听和说的能力没有得到应有的重视。

在我国英语教学发展过程中，“语法翻译法”时代重视阅读和写作能力的培养，忽略听说能力的养成。语音教学处于“附属”的地位，“语法翻译法”教学语音的目的并不是训练学生的口语能力，而是在阅读和写作的学习中顺带教学语音。在语音教学中，重视知识性内容的讲解，而非能力的培养。这也是目前常批判“哑巴英语”的重要原因之一。在“语法翻译法”时代，语音教学呈现出“集中学习”的特点。这里的“集中学习”指的是在教学目的方面，以掌握语音知识、培养语言能力为主，忽略交际能力的培养，语音训练的目的是帮助学生掌握语法知识，学习语音是为阅读、翻译服务；在教材方面，采用以结构法为指导思想，以语法为纲的教材；在教学方法方面，常用精讲、朗读和背诵的方式。采用集中学习的原因大致有：受国际形势、国内学情的影响，中华人民共和国成立初期和改革开放初期的一段时间内，语音内容在英语教材中集中呈现，教师根据课堂中心、教材中心、教师中心的原则，在课堂中对语音进行集中教学；中华人民共和国成立初期，我国缺乏受过高等教育的英语师资，教师缺乏对教学法的研究，而利用母语集中教学，可以大大降低对教师的要求。这一时期的语音训练常常就是让学生大声朗读阅读材料或做语法口头练习，学生较少有表达自己原始想法、情感和个人需要的机会。

2. 在模仿中习得："直接法"和"听说法"时代的语音教学

二十世纪初，"直接法"开始盛行。"直接法"认为应当把想表达的意思和目标语直接联系起来，而不先转换成母语。"直接法"以发展学生的外语交际能力为目的，关注日常生活中的词汇和句型，用目标语进行教学，直接将外语与实物、图片和行动结合起来。教学重点是让学生说与听，通过按年级进度仔细规划的问与答的交替，逐步提升学生的听说能力。其特点可以归纳为只使用英语进行教学；先教听、说，后教读、写；用归纳法讲授。在语音教学入门阶段，把重点放在对学生口语能力的培养方面。在"直接法"的课堂中，教师用全英语教学；模仿、朗读和问答是主要教学形式；这样有利于学生掌握正确的语音、语调和培养学生口头表达能力；以句子为口头交际的基本单位。当时的语音教学主要是教师在语音学研究的基础上确定哪些音先教，哪些音后教，采用"直觉—模仿—重复"的模式组织语音教学。教语音时要尽量多让学生注意教师的发音位置、动作以及表情，组织学生多看英语录像、英语教学节目，增加接触音形（视听双轨）的机会，教师要不断提醒学生通过模仿辨音，以习得语音技能，要求学生以质为主进行模仿，有方法、有要求、具体地模仿。"直接法"时代语音教学呈现出"在模仿中习得"的特点。

"直接法"直接影响了"听说法"。二十世纪四五十年代，"听说法"崛起。"听说法"强调让学生反复地重复句子和背诵课文的对话材料，其最显著的特点就是重复训练，以达到熟悉语音和形式结构的目的。教学的基本程序是"呈现—练习—输出"。

二十世纪初，行为主义心理学在美国兴起，该理论所提出的"刺激—反射"

行为公式被引入英语教学领域，催生了“听说法”。“听说法”将听和说视为英语学习的重要基础，认为唯有做好这两点才能实现其他英语能力的提升。听和说能够不断给予个体心理刺激，此种刺激的不断强化能够实现个体行为的自动化，从而令个体的应用表达更加顺畅。“听说法”的优势在于见效快，能够迅速提升个体基本的英语口语能力。在该方法的影响下，国内外都推出了相应的教材，并且更加重视英语听力和口语，将其设为重要考核指标。“听说法”的理论基础是行为主义学习理论和结构主义语言学。“听说法”更加注重句型的反复训练，培养学生的发音习惯。至此，语音教学开始借助语音符号、发音图解等开展语音教学活动。针对“听说法”的特点，有学者提出相应的语音对比训练模式。

改革开放后，我国英语教学深受“直接法”和“听说法”影响。二十世纪六十年代，曾在高校试点研究的“听说领先法”就是“听说法”的别名。二十世纪七十年代，高校英语专业学生的入门教材也是根据“直接法”和“听说法”的思路编写而成的。1978 年《全日制十年制中小学英语教学大纲（试行草案）》（以下简称教学大纲）中也提出“先听说、后读写”的概念，特别在教学方法建议中提出“学习语音主要依靠模仿”，听说领先，在模仿中习得语音能力。以 1978 年教学大纲为界，语法翻译法结合结构主义语言学逐渐向“直接法”和“听说法”转变。这一时期的语音教学不再是单纯的集中学习，也不是单纯地依靠“直觉—模仿—重复”模式或通过语音对比训练习得，而是在语法翻译法、“直接法”和“听说法”相互作用下的“折中式”语音教学法。虽然教师还是课堂的中心，但体现出“在模仿中习得”的特点。“在模仿中习得”把英语当作交流的工具，英语学习的目的是用英语，这一时期不再只教语音知识，而更侧重于教如何用语音；在小学阶段，语音教学优先发展听说能力；学习单词和句子发音的同时，辅以实物图片、动作、表情等，让学生建立音形义的直接联系；语音教学不再是单纯的集中教学而是渗透在各个教学环节中，通过句型模仿练习、反复训练，体现听说领先的原则，为了让句型练习更加生动有效，教师试图把句型练习放在一定的情境中进行。

在“直接法”和“听说法”时代，强调培养学生的听说能力。1978 年教学大纲中提出先听说后读写的要求，但是由于当时我国英语课程刚刚恢复，英语师资流失，很多英语教师都来自非英语专业或者是俄语专业转型的教师，缺乏对英语教学法的理论学习和实践经验。教学难度大、师资力量弱，又缺乏教学法的指导，导致当时的英语课堂教学效率较低。1983 年，在倡导和试行“听说法”以来，只有少数学校的重点班听说领先发展，读写同步跟上，而在一些学校听说既没有领先，读写也没有跟上，一些学生也因此掉队。这说明在模仿中习得语音的方法还不能适应当时的学情，我国的教育专家又展开了对其他教学法的研究和试验，1986 年首次在全国提出使用交际法，1992 年“交际法”一词在教学大纲中频繁出现。据此，将 1978—1992 年划定为以“直接法”和“听说法”为代表的英语语音教学阶段。

3. 在用中学：“交际法”时代的语音教学

二十世纪八十年代，“交际法”风靡全球，该教学法认为语言的首要目的是交际。交际双方要能够共同理解、接受某一语音标准，双方才能进行流畅的交际。语音教学的最终目标是交际的可懂性。任务型教学法是指教师在课堂上通过引导学生完成各种各样的任务从而学习英语的教学方法，在语音教学中强调“在做中学”或“在用中学”。在教学活动中，教师围绕特定的交际或语言项目，设计出可操作的具体任务。学生通过沟通、询问等活动来完成任务，以达到学习、掌握语言的目的。任务型教学法是吸收了以往多种教学法的优点而形成的，它和其他的教学法并不互斥。

在语音教学中，任务型教学法通过三个阶段组织教学，根据任务教学模式，我国英语语音教学模式演变为“三阶段六步骤”：一是任务前：指导—分组；二是任务中：实践—讨论；三是任务后：检测—反思。

受交际教学法的影响，这一阶段的语音训练方式十分多样，其中最为突出的就是任务型教学法突出“在用中学”，即在完成语言任务的过程中，习得英语语音。交际教学法强调设置真实语言环境，但是现实课堂中情境创设存在局限性，学生并不能在课堂上进行有意义的话题交流，很难达到真实的交际目的。

进入二十一世纪后，我国进入了新课改阶段，明确要求教师要创设轻松、平等、和谐、向上的课堂氛围，在交流中引导学生注意倾听、敢于开口说、大胆表达自己的观点，突出听说、重视模仿，包括模仿语音语调和情绪表达。这一时期根据课程标准，英语语音教学方法不断创新，产生了如演绎归纳法、自然拼读法、游戏教学法以及绕口令训练法等众多教学方法。

二、英语语音教学的理论基础

（一）交际教学理论

二十世纪七十年代，交际教学理论普遍受到教育界的欢迎，影响较大的是美国著名语言测试专家巴克曼（Bachman）提出的交际语言能力学说。他对交际语言能力进行了更为全面的定义，他认为交际语言能力是语言使用者在情境中可以灵活自如地使用语言进行互动的一种能力。他的交际语言能力学说有以下几个层面的含义。

首先，一定的语言知识的掌握是形成语言能力的基础，同时语言能力的继续性发展也需要语言知识做铺垫。语言学习的基本内容主要包括语音、词汇、语法等，在这几项中，语音的学习必然是首要的。

其次，积累了一定的语言知识后，需要语言语用能力完成交际任务，达到语言交际的目的，在这个过程中语言学习者的语音语调对交际的影响很大。在真实环境状态下，通过言语互换，双方完成信息传递，但这一过程受到环境中存在的诸多因素的干扰，是一个动态的不稳定的过程，因此对于语言学习者而言，在双方展开交流的过程中将环境对交流的影响做出一定的控制是巴克曼提出的语言能力中的策略能力。

最后，语言交际过程中的生理心理机制需要借助一定的感官来接收和感受外在环境传达的信息从而获得情感体验，因此视觉、听觉和触觉等感官以及人的神经肌肉等都对语言学习产生影响。在外语教学中，相对于单一的语言知识的输入，人们普遍更倾向于语言交际能力的训练。在课堂教学情境的真实性创造中，应尽可能模拟现实语言环境，通过组织多样的课堂活动，给学生提供更多张口说英语的机会，为完成流利的交际活动做好准备。英语语音的教学目标在于语言学习者在使用语言进行信息交流的过程中，可以正确有效地传达信息，不仅包括符号信息，还包括情感信息。在英语语音课堂上，教师是主要的语音输入来源，也是课堂互动的主要领导者。教师应该尽可能地给学生输入正确标准的语音，因为正确的语音是交际活动顺利进行的基础。教师输出规范的语音也是一种语言学习情境，在这种情境中，学生耳濡目染，语音水平自然会有所提高。学习语言的目的在于运用语言，在语音知识转化为语音能力的过程中，需要语言练习的实践，在课堂上，语音教学要让所有学生参与进来，充分展现课堂中学生的主人公定位，体现教学中所关注的学生主体地位的真正实现，主动引导学生发挥能动性，与教师进行互动性交流，从而积极参与课堂中的语音学习。除了要鼓励学生积极进行语音练习外，还应当强调语音学习的质量，除了单词发音的练习，语音语调的练习也不能忽视。在双向交流的过程中，语音语调不仅表现出说话者声音的优美感，还直接影响到信息的正确传达，错误的语调在交际中可能会造成信息传达的误会。教师在进行语音教学的时候，可以充分调动起学生的生理心理机制，利用好感官的能动作用，对学生的视觉、听觉等进行适当的刺激，吸引学生的注意力。所以，在交际教学理论指导下的英语语音教学要以交际为主要教学目的，创设不同的情境，提供给学生更多练习英语语音的机会，关注学生语音语调的训练。

（二）多模态理论

信息交流的主体——人与人或者人与机器需要在交流的过程中使用多种符号的模态，这些模态能够作为信息交流的媒介。模态的类型有语言、音乐、图像、颜色等，这些不同类型的符号相互联系、相互影响，建构出有效的符号系统，对这些符号加以利用能够实现交流的目的。

在课堂教学中，教师和学生是交际的双方，他们之间的信息交流沟通不仅可以依靠语言，也可以借助感官系统进行。多模态理论为英语语音教学提供了启示。多模态英语语音的教学和学习需要人体各个感官的相互配合，如语音的输入首先需要听觉感官、视觉感官的配合，语音的输出需要发音器官的配合，因此，在发音部位、口型大小、语音语调的教学上需要调动学生的不同感官，通过各个感官的积极配合，才能准确发音。在语音教学中，教学内容、教学方法和教学活动都可以多模态化，通过各种教学环节的牵连作用实现语音教学的目标。在教学内容方面，除了固定的教材，教师还可以利用互联网找到更丰富的语音教学资源，这些教学资源可以是音频、视频、漫画、动图等。不同的教学资源可丰富学生的语音学习素材。在教学方法方面，教师可以使用幻灯片（PPT），利用课件给学生展示发音部位的细节，利用 PPT 的多媒体功能帮助学生在视觉、听觉上更好地感受发音，也可以让学生用一面镜子进行实时对照，观察自己发音时口型是否符合要求，这样能帮助学生练习标准的语音。在教学活动方面，只有通过在情境中反复练习，学生的语音学习才有效果。练习需要学生有足够的语言输入，通过多模态教学，给学生提供较为标准的语音输入，图片、视频等资源为学生的课堂活动提供了情境道具，有利于丰富学生的课堂活动形式。

（三）语言迁移理论

语言迁移理论是指母语对二语习得的影响，其中包含语言的各个方面。除此之外，语言迁移理论还包括除了语言本身以外的其他因素的影响，如思维方式、风俗传统、文化历史等方面。语言迁移理论在二语习得理论中的作用不容小觑，母语的影响在二语习得的过程中是无法规避的。在进行二语习得之前，学习者本身已熟练掌握了母语，因此，在进行二语习得时，目标语言与母语之间就会出现知识体系的交叉，这种语言交叉导致的结果就是语言迁移，又称母语迁移。这种迁移分为正迁移与负迁移两种不同的结果。

正迁移是指母语和目标语言之间的交互会促进目标语言的学习。中国学生在学习英语时，认知结构中部分原始汉语知识能够促进学生对英语知识的理解和掌握。负迁移就是指母语和目标语言之间的交互会阻碍目标语言的学习。汉语和英语中有很多互不对应的发音，如汉语中的韵母 ü 在英语中不存在，英语中的辅音音标 [θ]、[r]、[v]、[ð] 在汉语语音体系中不存在。在学习英语时，学习者很容易将这些不会读的英语发音用汉语的某个相似音读。汉语发音体系已被学习者掌握，所以汉语习惯造成的语言定式是学习者最难克服的。在学习过程中，汉语定式可以促进英语学习，也会对英语学习造成一定的障碍，从而产生负迁移。

三、英语语音教学的重要性

语音学习是语言学习的基础，是语言学习的重要组成部分。英语语言基础有五个部分学生应该掌握，即语音、词汇、语法、话题和功能。其中，语音排在第一位，所以我们可以看到语音学习是英语语言学习的第一步。因此，英语教师和学生应该重视语音的教与学。

（一）语音教学有助于提高学生的词汇学习能力

英语中的大多数单词的拼写和发音关系密切，并且遵循一定的规律。因此，英语教师应该想办法促进学生的发音和拼写的学习。毫无疑问，语音教学是英语教学的有效方法之一。英语教师应该帮助学生掌握字母和字母的组合规则，最终使学生可以在听过单词或者读过单词后就能够拼写出。这样才能提高学生的单词记忆效率，帮助他们树立学习英语的信心。

（二）语音教学有助于提高学生的听力能力

听力是师生之间最重要的一种交流方式，它也是学生获得语言信息和语感知识的最重要的手段之一。语音教学属于听力教学，它是听力教学的基础。学生可以使用习得的语音知识去理解听力材料和获得有用的信息。

（三）语音教学有助于提高学生的口语能力

语音教学是最重要的英语教学内容之一。自然、标准的语音和语调是口语交流的基础。学生要能够用正确的发音和自然的语调完成一系列的口语活动。学生能正确、自然地发音，他们就会自信地张开嘴。在教学中，英语教师应该创造合适的情境，这样，学生可以通过语音学习做到正确的发音和自然的讲述。

（四）语音教学有助于提高学生的自主学习能力

通过语音教学，学生能掌握基础单词拼写和阅读规则，然后他们可以使用这些规则学习更多的单词，这样，他们的阅读和拼写能力就得到培养和提高。英语教师应该记住，语音教学需要时间，所以，不应该讲得太快，进而给学生造成负担。

（五）语音教学有助于提升学生的英语语感

语感能判断语言表达是否正确，它是集语法、语义、词汇于一体的一种大脑语言中枢的能力。语感是学生面对英语材料时所产生的一种思维反应，教师要培养学生的英语语感，因为它是提升学生英语思维能力的有效方法。英语语感好的学生，可以快速理解英语句意，准确掌握英语知识内涵。大多数学生在分析英语题目时都习惯性地加入汉语思维，将英语材料翻译成汉语，再给出相应的英文解释，这样不但耗费时间和精力，学习也达不到预期效果。教师在组织英语语音课堂教学时，可以采用一些吸引学生注意力的趣味活动，让学生愿意参与，在游戏中掌握丰富的、规范的、有利于提升语感的英语发音技巧，同时也在不知不觉中增强了英语语感。

第二节　英语语音教学的实践应用

一、英语语音教学存在的问题

（一）学生方面

语音综合能力是发展学生英语综合能力的基础，因此，要注重发展学生的语音综合能力。语音知识、语音技能、语音情感态度、语音学习策略是语音综合能力的重要组成部分，但是目前较多学生语音综合能力不高，具体表现为以下三点。

1. 英语语音基础知识欠缺

语音知识是语音技能发展的物质基础，如果没有语音理论知识，其他能力都将是“海市蜃楼”。

第一，对重音不够了解。英语中最显著的语音特征就是重音，其主要分布在单词、短语和句子中。重音在英语中具有信息传递功能，说话者通过增强单词、短语和句子中某个音节的音长和音强来表达其所要强调的部分，以引起听者的注意。重音落在不同的单词、短语或句子中的不同位置所表达的意思是不同的，如“She is going to school.”。如果把重音落在动词 going 上，是强调她要去上学了，而不是做其他事；如果把重音落在 school 上，则是强调她是要去学校而不是别的地方。再如 record 这个多音节单词，重音在第一个音节表示名词“记录、唱片”；重音在第二个音节则表示动词“记录、录制”。从这两个例子可以看出重音在英语交际中发挥着重要的作用。

第二，语音语调不好。语调是语句的灵魂，是英语语音中一个非常重要的因素。英语语调包括降调、升调和降升调等，三者是英语语调的核心调。在英语中疑问句一般用升调，陈述句用降调。通过语调可以体会话语者的情感。学生语调不好主要体现在以下三方面：一是语调平直。学生在英语朗读或交流中不注重区分语调的高低起伏，以致听者不能真正体会话语者所要表达的情感。二是使用单一、机械的语调。语调有降调、升调和降升调等，学生大部分使用降调、升调而降升调使用太少，如一律用升调朗读疑问句，用降调朗读肯定句，不会用降升调。三是语义不突出。学生在简单、简短的句子中能把握住升降调，但在长句子中不能把握语调的升降和轻重，并且容易将升调读成降调，不能突出信息的主要意思。

第三，对连读不够了解。英汉语言节奏不同，汉语讲究字正腔圆、字字铿锵，如“大珠小珠落玉盘”，而英语有轻重、长短之分，词语之间有首尾连读。在连贯地说话或朗读时，在同一个意群（短语或从句）中，如果相邻的两个词中前者以辅音音素结尾，后者以元音音素开头，就要自然地将辅音与元音相拼，构成一个音节。连读是为了使表达更加流畅，但是部分学生不知道句子有连读。掌握连读可以提高我们英语话语的流利程度，有助于信息的准确表达，同时也有利于我们适应英语节奏，提高英语听力能力。

2. 英语语音学习动机不高

学习兴趣是学习动机的重要组成部分。学习动机是指在某种内部动力的推动下，激励与维持学习者学习行为的一种需要。学习动机与学习效果之间相互促进：学习动机能够提高学习效果，学习效果提高的同时也能继续增强、维持学习者的学习动机。

3. 缺乏有效的语音学习策略

语音学习策略是指学习者在完成特定语音学习任务时选择、使用和调控学习程序、规则、方法、技巧、资源的思维模式。学习策略包括认知策略、元认知策略以及资源管理策略。学习策略是提高学习效率、发展自主学习能力的重要保证。

（二）教师方面

1. 缺乏系统的语音理论知识

准确读出音标的发音、掌握连读、了解音节结构、正确使用重音、正确把握韵律节奏、恰当应用语音语调是学好语音的基础，提升教师自身语音素养离不开对系统语音理论知识的掌握。如果教师缺乏系统的语音理论知识，那么在进行语音教学时就会觉得心有余而力不足，无法给学生呈现良好的语音面貌。

2. 语音水平以及美学素养有待提高

良好的语音水平及能力是指教师要具备良好的语音面貌、标准的发音、自然的语音语调以及准确的重音节奏。在实际教学中部分教师在朗读时不能将句子的节奏感与韵律表现出来，单词的间隔、清晰度与音量没有区别；部分教师在朗读时语音语调不自然；部分教师还存在发音时辅音不到位、元音不饱满的问题。教师语音输出是学生语音输入的一个重要来源，学生会潜移默化地模仿教师发音。如果教师的语音水平与能力不高，会影响学生的发音。教师除了要具备系统的语音理论知识与较高的语音水平之外，还要有一定的语音教学能力，这也是教师胜任语音教学工作的必备条件之一。因此，教师需提高自身语音教学能力，以提高语音教学质量。良好的语音美学素养能够激发教师的跨文化意识。跨文化意识在促使教师学习外国优秀文化的同时，能提高教师的审美能力，陶冶教师的道德情操。

3. 教学模式单一

具体的语音教学模式实施中缺乏应有的专业度，语音教师将语音教学当作一般的英语听说读写课程进行教授，依旧采用传统的教学模式，以教师为课堂主导，以教材为媒介，教师讲解教材，运用多媒体平台对学生进行随机检查。显而易见，语音教学依旧以“教”为中心，与学生的互动不足，不能将智能教学系统的互动性运用于教学模式中。换言之，现代高校英语语音教学模式依旧以传统线下模式为主，线上教学模式的辅助作用微乎其微，且方便携带和操作的移动教学设备并未被积极运用于教学模式中，这导致教学模式单一化。

4. 语音教学内容不全面

英语语音教学包括单音教学、单词的拼读教学、语调、连续、失爆、重音、意群停顿等语流教学等多个方面，但是目前部分教师存在错误观念，只重视音素发音的教学，忽视了语调、连续、失爆、重音、意群停顿等方面的教学。语音教学的内容过于片面，不利于学生今后听、说、读、写能力的提升以及英语学习兴趣的培养。

5. 语音评价欠缺

语音评价是根据语音教学目标对语音教学进行价值判断的过程。语音评价对师生都具有重要作用，具有诊断教学质量的功能。诊断激励、监督和强化师生的语音教学活动可为教学提供反馈，但是目前一些教师会忽视语音教学评价。

6. 科研能力不高

教师的科研能力是指教师对教育问题进行多方面的探索和创新的能力，是教师运用多方面知识和经验，综合性地、创造性地形成解决问题的能力。教师的科研能力使教师的教学工作更富有创造性，是教师在专业工作中自主能力的表现形式，也使更多的教师成长为专家型教师。专家型教师的一个很重要的特质就是具备一定的科研能力。教育科研能力是教师专业发展的内在驱动力，是教师专业发展的基础，是教师专业发展的生长点。

二、英语语音教学的内容和原则

（一）英语语音教学的内容

在谈论语音教学的主要内容之前，我们首先要搞清楚语音教学和音标教学的区别。人们往往将音标教学视为语音教学，显然，这是不对的。语音教学包括但不限于音标教学。由国际语音协会创建的国际音标是国际通用的，一个符号代表一个音素，这样可以避免音标不统一带来的不便。音标中有四十八个音素，包括二十个元音音素和二十八个辅音音素。音标教学是教学生四十八个音素的发音和它们的组合发音规则。这有助于提升学生的词汇阅读能力和短文阅读能力，然而我们应该记住，仅仅通过音标学习是很难讲一口流利的英语的。语音学的主要成分包括音节、语调和重音。受时间和学生英语水平的限制，语音教学应以音节教学为中心，这将有助于学生掌握发音和拼写的基本规则。在整个英语学习过程中，学生会掌握语音、语调和重音。

（二）英语语音教学的原则

1. 情境交际互动性原则

所有的语言学习活动都应在一定的主题语境下进行。主题语境不仅制约着语言知识的学习范围，还为语言学习提供意义语境，有机渗透情感、态度和价值观。

任何语言的学习都不应该脱离语境，但在日常的英语教学中“语音”和“语义”常常被割裂开。教师可以根据教材创设主题语境，这样才能让语音活动具有互动性。根据系统功能学理论，语言教学的重点在于交际性，但实际上，英语语音教学并没有做到这一点，常常脱离语篇、脱离语境。没有语境也就没有互动，那么学生的语音活动就会变成“独角戏”，因此教师应该思考如何创设语音教学的主题语境。

2. 长期性原则

语音教学是一项长期的教学任务，并不是一朝一夕就可以完成的。教师在教授语音时需要做好长期的心理准备和计划，在教授字母、单词、句子、对话、课文、日常用语、拼读规则等时，都要注意引导学生学习语音方面的知识。因此，教师在语音教学过程中需要做到节节坚持、逐步渗透，帮助学生扫除语言学习过程中所遇到的语音障碍，帮助他们树立学好语音的信心。

3. 趣味性原则

在语音教学过程中，有一些阶段是比较枯燥的，如单音教学时往往需要依赖大量的机械训练才能帮助学生掌握正确的发音。机械训练很容易让学生产生乏味心理，无法激发他们学习英语语音的兴趣。为了避免这种情况带来的后果，教师在教学过程中要尽量采取多种多样的教学方式，如说唱、英文歌曲、绕口令等，让学生乐于学习语音知识。同时，教师还需要时刻对学生所取得的进步给予鼓励，促进他们积极参加教学活动。

三、英语语音教学的方法

（一）演绎归纳法

俗话说，授人以鱼，不如授人以渔。教师的职责不仅是要教给学生知识，更重要的是要教给其学习的方法。在英语语音教学中，学习与模仿固然重要，但是学习发音规律是学习语音的必要之路。

演绎归纳法是英语语音教学最常用的方法之一。第一步是演绎，教师要给学生播放标准的发音，使学生在听音的过程中寻找规律，让学生自己尝试模仿标准发音，然后教师要求学生对自己的发音和标准发音进行比较，并举手发言说出自己的看法。第二步是类比归纳。教师随即列出两组相关的单词，以相同的方式让学生进行比较，从而理解并找出发音的规律。

（二）自然拼读法

自然拼读法是指看到一个单词，就可以根据字母和字母组合，运用单词里的发音规律正确拼读单词的一种方法。英语是拼音文字，有很多拼读规律，自然拼读法就是这个拼读规律的教学体系，它的核心是建立字母与语音之间的对应关系，不用借助任何表音系统，看着字母就可以直接读出单词的发音，做到“见词会读、听音会写”，它解决了英语初学者单词不会读、无法拼的问题。

自然拼读法在国外已有百年以上的历史，是英语国家的学生学习英语发音规律时普遍采用的一种学习方法。为尽早达到“见词会读，听音会写”，孩子从小就应开始接触自然拼读法。

自然拼读法的精华就是在单词和字母之间通过“sound(音)”建立联系。学习自然拼读法的第一步是先学习二十六个字母的标准发音，然后学习字母与字母的组合在单词中的标准发音与拼读规律，从而建立字母、字母组合和单词发音之间的直接联系，达到见词会读的效果。自然拼读一般遵循“字母发音—字母组合发音—单词—简单句子—整段句子”的学习规律。

概括地说，自然拼读法是一种可以帮助学生理解字母和声音之间关系的指令，它包括对英语所基于的字母原理的理解以及对与特定字母或字母组合相关的声音的了解。自然拼读法的目的是教学生将字母与声音结合起来。换句话说，自然拼读法是一种旨在提高学生对拼写规则以及字母和声音对应关系的熟悉程度，从而帮助他们拼出单词的方法。

自然拼读法教学可以划分为两个阶段：第一个阶段属于单词的语音学习阶段，包括二十六个字母基本读音的学习、国际音标的学习（元音音素和辅音音素）、音节划分规律和重音的学习；第二个阶段属于单词的形态学习阶段，包括词根词缀的学习、拼读规律以及元音字母组合和辅音字母组合的拼读规则。这个阶段应将课本中规定的单词利用自然拼读法进行练习，以达到学以致用的效果。根据学生的认知特点和循序渐进的教学原则，将这两个阶段又划分为四个具体的教学步骤。

第一个阶段可以分为两个教学步骤，首先，引导学生学习二十六个字母以及国际音标的发音规律。其次，引导学生学习重音以及音节划分的规律。学生已经可以熟练掌握字母发音规律、部分音节划分规律以及部分国际音标的发音，因此，本阶段的重点是带领学生学习部分复杂辅音字母的发音规律和重音的学习规律。第二个阶段也可以划分为两个教学步骤，首先，学习元音字母组合、辅音字母组合的拼读规则和拼读规律。其次，词根词缀的学习。

1. 二十六个字母基本读音和国际音标的学习

学生学习自然拼读的第一步就是知道二十六个英文字母的发音。学生已经可以很好地掌握英语单词的发音，因此在实际教学中只需带领学生简单回顾英文字母的发音规律，教学重点是帮助学生掌握元音音素和辅音音素。元音音素和辅音音素的学习对于学生而言也是相对容易的，学生在之前基础阶段已经接触过国际音标，仅对于一些复杂的辅音音素还很困惑，如［θ］、［ð］、［ʃ］、［tʃ］、［tr］、［dr］、［ts］、［dz］，因此教师要着重强调这些辅音音素的发音。

2. 音节划分和重音的学习

音节划分对学习自然拼读法有重要的作用，学生学会音节划分才可以很好地拼读单词。大部分学生已经学过音节划分规律，因此在教学中应该以音节划分的练习为主，将学生所学过的单词作为练习素材，进而帮助学生掌握音节划分。英语自然拼读规则主要是针对重读音节的，大部分双音节动词都符合第二个音节重读倾向，而60%的非动词、双音节词符合第一个音节重读倾向。三个音节以上的单词，一般倒数第三个音节重读。学习音节划分规律和音节的重读规律可以帮助学生快速准确地拼读单词。

3. 字母组合与拼读规则的学习

自然拼读法的字母组合包括元音字母组合、辅音字母组合以及部分元音和辅音的字母组合，其中元音字母的发音规则最复杂，如元音字母 a 与其他字母结合可以构成七种字母组合，而自然拼读法的拼读规则比较简单，为“辅音 + 元音 + 辅音”。自然拼读法通过研究词汇发音和形态之间的关系，构建含有相同字母组合的词汇模块，引导学生通过词汇模块掌握拼读规则，进而达到拼读拼写生词的效果，如单词 reason 是由 rea 和 son 两个音节组成，其中 rea 是由辅音字母 r 和元音字母组合 ea 组成，son 是由辅音字母 s、元音字母 o 和辅音字母 n 组成。学习字母组合、字母的发音规律和拼读规则后，学生就可以快速地拼读单词。

4. 词根词缀的学习

自然拼读法的学习也包含词根词缀的学习，前缀通常会改变词的意思但不改变词性，而后缀通常会改变词性但不改变词的意思。自然拼读法中的含有词缀的单词是根据逆序的方法排列的，如 ecology、geology、biology 和 zoology 这组单词就拥有相同的词缀，ology 表示“某学科”，属于名词后缀。掌握了 ology 的意义，就可以很容易地拼读拼写这组单词。自然拼读法将相同词缀的单词排列起来，建构出词汇模块，一方面，读起来朗朗上口，使记单词的过程变得趣味盎然，且学生可以通过直观比对音形对应的单词，在掌握一个语音规则后便可牢牢掌握具有该读音规则的其他单词的拼写；另一方面，自然拼读法将拥有相同字母组合的单词紧紧排列，学生很容易发现它们的相似性，同一后缀的单词排列在一起，这也意味着具有共同词义、共同词性的单词排在了一起，有助于学生模块化记忆单词。

总而言之，在整个自然拼读法的教授过程中都要与英语课本相联系，采取归纳法引导学生掌握自然拼读法。在拼读单词时，第一，要遵循循序渐进的原则，拼读练习从单音节词过渡到多音节词。学习多音节词时，首先，引导学生划分音节。其次，分音节拼读单词。最后，将音节连接起来。第二，教师要为学生输入词根词缀的知识，帮助学生拼读复杂字母组合和复杂单词。例如，colorful 就是 color 和 ful 组成的单词，字母组合 ful 可以将一个名词转换为形容词。学生对于字母组合 ful 的掌握可以迁移到其他单词的学习中，如 beautiful、hopeful 等。拼读后要马上进行拼写练习，以完成由音到形的转变。在拼写单词时，教师可将拼写教学分为听音、辨音和写音三部分，以减轻拼写的难度。

（三）游戏教学法

游戏是一种直观体验式活动，学生的学习积极性与动机能够在游戏中快速地被调动起来，因此，教师应根据学生的心理特点在教学中合理穿插丰富多样的语音游戏，了解每个学生在语音知识方面的原有知识经验，根据学生的原有知识经验设计语音教学游戏，如在教学元音字母 u 的发音时设计“我说你表演”的语音游戏，出示 cut、lucky、jump、plus 等单词让学生上台表演。

在英语语音教学中，常见的游戏教学有“听音摘字母”、“找对子”、“我说你做”等。以“听音摘字母”为例，教师在教授完相近音的字母或单词时，可以将组合成单词的字母做成卡片贴在黑板上，在班级中选择一个记分员，将全班学生分为六组，每组请一个学生上台，教师随机读一个学过的单词，看谁最快抢到这个单词的组成字母，抢到一个字母得一分，最后看哪一组的得分最高。这个游戏可以训练学生的单词记忆能力和快速反应能力，同时，组内学生能够互相帮助，培养学生的协调配合能力。学生在游戏中为了能够更多地摘到字母，就会努力记忆单词的发音和构成单词的字母，这样能够激发学生学习语音的兴趣。

（四）绕口令训练法

对于语言学习者而言，绕口令是一种富有趣味而且很有效的语音发音练习素材。绕口令可以进行语音音素综合训练以及节奏训练，它是语音辨别区分的好办法，适用于那些已经掌握了语音基本知识的学生，如学生能够准确发音，就可以让学生辨别、区分相似的音。因为绕口令中就有很多相似的音，如“Few free fruit flies fly from flames.”（没有几只果蝇从火焰中飞过去。）“The driver was drunk and drove the doctor’s car directly into the deep ditch.”（这个司机喝醉了，他把医生的车开进了一个大深沟里。）

（五）朗读训练

在语音教学过程中，朗读训练是不可或缺的训练方式。教师可以安排学生领读、集体朗读、个人朗读等。在使用这一方式开展语音教学时，教师可以通过其他手段来增加朗读的趣味性，如可以让学生通过竞赛、游戏活动比赛朗读。另外，教师还可以通过一些直观教具帮助学生大声朗读，直观教学可以最大限度地调动学生的眼、耳、口等器官，学生对这种方式具有极大的兴趣，容易让他们在脑海中产生很深的印象。教师还可以利用网络设备训练学生的朗读能力，如可以将人体的发音器官做成动画片让学生观看，从而全面掌握发音要领。教师还可以通过多媒体让学生直观学习英语本族人的发音、言语，让他们学会地道的语音、语调、节奏等。

四、英语语音教学的实践策略

（一）创新教学手段，激发学生学习音段音位的动力

一直以来，学生在英语课堂上占据着重要的位置。以学生为基础，激发学生在英语课堂上的学习主动性是教师开展英语语音教学工作时必须坚持的原则，尤其为了激发学生学习音段音位的兴趣和动力，教师需要在深入分析和研究每一个学生的课堂语音学习情况的基础上，依照不同学生学习英语语音知识的需要，对语音教学的方法和手段进行创新和优化，尽量选择更加适合当前学生语音学习的方式来开展语音教学工作。

（二）运用合作学习，提升语音教学的互动性

在传统的教学模式下，部分教师采用填鸭式教学法，导致课堂教学枯燥乏味，而合作学习可以构建多元互动的课堂，提升课堂教学的趣味性。在英语语音教学中，教师可以巧妙设计和组织小组合作活动，以提升语音教学的趣味性和互动性。教师可以让学生发挥想象力，运用肢体语言表现语音知识。教师可以让学生在小组内通过合作学习，运用肢体语言学习英语语音。关于小组合作学习，教师还可

以以竞赛、抽答等形式开展，在提升学生的语音能力时，培养学生的合作意识，强化学生的能力，体现语言的交际性，突出语音知识的实践性、实用性特征。

（三）多样教学方法，提高语音学习的积极性

对学生来说，他们学习的动机性很强，教师应通过多样的教学方法激发学生语音学习的动力。

第一，教师可以利用课前十分钟让学生听读单词、模仿发音，增强学生学好英语语音的信心，如对课本中的重点词句进行跟读，可以让学生跟着教师读，也可以让学生自己读，形式上可以采取小组说、男生女生说等。通过这样的练习，学生逐渐熟练掌握了课本重点，英语的语音语调也在反复练习中变得标准起来。

第二，教师可以通过声音演示开展语音教学活动，培养学生良好的学习习惯。在教学过程中，教师可通过语音演示来引导学生，如演唱英文歌曲，或者用英语来说一些学生感兴趣的影视角色的台词等，学生会争相模仿，这不仅激发了他们进一步学习的兴趣，也让学生更好地理解了英语表达方法。

第三，教师可以鼓励学生多使用英语进行口语交流，引导学生阅读更多相关的英文报刊和书籍，见多才能识广，这样才能帮助学生建立用英语进行表达的自信心。在上课前，教师可以带领学生进行五分钟的自由对话，这是一种很好的练习口语的机会。自由对话可以是对之前学习的知识进行复习、强化，还可以是学生课外学到的知识分享，既能提高学生的口语交际能力，又能强化学生进行英语表达的自信心。

第四，教师要善于运用多样化的教学环境和碎片化的教学方法，如利用微信公众号、小程序打卡和各种教学应用软件等网络资源完善课堂教学，以改善英语语音课堂教学的现有模式。适当扩大学生课外练习空间，强化英语课外实践活动，为学生提供内容丰富的文字、声音、录像等形式的语音训练材料，以便学生系统化掌握英语语音学的基础知识、语言技能，从而使课外实践成为大学英语语音教育的有效补充。这些网络资源既便于教师给予及时有效的评价又可以为每个学生创建语音档案。通过语音档案，学生可以清晰地看到自己的语音水平提高以及还存在的问题，教师也可以通过监测学习者的学习状态适时调整课程重点和学习目标，实现个性化教育。经过不断的练习与模仿，学生在纠正个别音素的错误读音的同时，还可以提高对语流语调的掌握，进而提升英文听说能力。教师应引导学生利用多元化网络资源学习相关语音知识。强化语音练习的另一个好处在于，不断地反复模仿练习能够更有效地提高学生的语音水平和能力。因此大学英语语音

教学不能只讲究单个因素的纠音，而应当在训练准确的发音、语调、断句、节奏的基础上引入相应的文化背景知识，给学生积极指导，从而使其思想文化水平有所提升。

（四）因材施教，进一步提高教学质量

在英语教学中，想要保证语音教学的高效率与高质量，应根据学生的实际学习能力开展教学。教师要不断探索，营造出更加轻松、愉悦的课堂氛围，将学生的学习兴趣与积极性充分调动起来，让学生在这种氛围中动脑进行学习，并且不断开口练习。教师在对语音进行教学的时候，要根据学生的个体差异设计教学方案，对小组合作教学法、任务教学法等各种教学方法进行灵活使用，进一步提高英语语音教学的质量与效率。

（五）改变课程模式，提高学习效果

鉴于部分学生的语音水平较差，学校可在保留原模式的基础上，每周加设两节语音课，力求保证学生语音学习的延续性。同时，也可将语音课程与听力、口语等其他课程相结合，积极地进行学科内融合，确保学生的听说能力能够得到同步发展，可借鉴国内研究生的导师管理制度，实行“导师制”，具体方法为在每位新生入学时，就对其进行语音水平测试，并根据测试成绩将学生分入包括各个分数段的六人大组中，每个大组均配备一名教师，定时定点地对学生进行英语语音的个别辅导，而每个大组又分为三组两两组队的二人小组，小组中的二人可在导师指导后共同练习、相互纠错、共同进步，化被动练习为主动练习，真正将语音练习日常化、常态化、精细化，有效地提高学生的语音学习效果。

第四章　英语词汇学理论与应用

学习任何一门学科知识打好基础都十分重要，这也是相当关键的一个步骤。英语是一门比较特殊的课程，有着自身的语言符号、文字与知识体系，其中词汇是学习英语语言的基础所在，也是学生英语整体性学习的关键，英语词汇教学对学生的语言能力和沟通能力的发展至关重要。只有学好词汇，才能够为听、说、读、写技能的训练提供良好支撑，然而传统的词汇教学方法可能存在一些问题，如学生兴趣不高、学习效果不佳等。为了提高英语词汇教学的有效性，需要探索新的教学策略和方法。教师应基于新课改角度优化与改进词汇教学，帮助学生打牢基础，提升他们的英语整体水平。

第一节　英语词汇学的基本理论

一、词汇学概述

（一）词汇的概念

语言是人与人之间的一种交流方式，人们彼此的交流离不开语言。十九世纪西方语言学把“词”定义为语言中最小的单位，“词”组成“词组”，“词组”组成“句子”。词汇，又称语汇，是一种语言里所有的（或特定范围的）词和固定词组的总和，还可以指某一个人或某一作品所用的词和固定词组的总和，是语言的建筑材料。英语词汇就是英语语言里所有的（或特定范围的）词和固定词组的总和，英语的表达、交际要通过词汇来实现。词汇是培养学生语言交际能力不可缺少的基本语言单位，词汇认知是培养语言技能的基础。对于绝大部分学生来说，词汇量是影响英语学习效率的决定性因素。学生只有尽可能多地掌握词汇，才能读懂和听懂，反之，没有词汇基础，听、说、读、写等实践活动和交际能力就成为空谈。

（二）词汇教学的概念

词是什么？一直以来许多语言学家都在关注这个问题。在讨论什么是词这个话题的时候，他们认为很难对词下一个准确的定义。词语是语言最小的自由形式，拥有特定的语音和意义以及句法功能。通过对比可知，词汇不仅仅包含独立的词，还涵盖了词组和习语等。词汇的学习是一个从由浅入深、不断发展深化的过程。

词汇教学分为教与学两个方面，两者相互作用、密不可分。日常用语中涉及的词汇量巨大，随着社会及网络技术的发展进步，又不断地产生了新的词汇，因此，选择哪些词汇进行教授是教师面临的重要问题。在词汇教学中，教师应该找准核心词，注重词汇教学的重点和难点，切勿“满堂灌”。一般来说，词汇教学的基本要素是词的音、形、义及运用，这几个方面密切联系、相互影响。除了要掌握词的音、形、义以外，词的构词、用法、搭配、词性、句法限制等都应该得到良好的掌握。语言的基本组成部分并非只有词的内涵意义，词汇应该附带说话者的情感和态度。因此，词汇教学中没有必要对每一个单词的各种含义都进行重点解释，词的概念意义也应该得到重视，而且放在具体语境下才具有意义，教师要根据具体的课堂实践，结合具体语境进行选择性教学。学生则要在具体语言环境中灵活选取词汇，前提是要掌握词汇的不同含义，因此词汇的运用是词汇教学中至关重要的一部分。

（三）英语词汇学的概念

词汇是英语语言技能发展的基础。掌握与运用词汇知识在揭示语言蕴含的意义和准确的语言输出中起着不可或缺的重要作用。即使学习者处于对语言结构完全不了解的状况下，只要头脑中储存了足够的英语词汇知识，就可以通晓和表达第二语言。对很多学生来说，词汇的掌握和运用是英语学习的关键，也是英语学习的基础。教学过程中，教师占据着主导地位。教师传授知识，学生接受知识，学生对词汇的认识主要来自教师的词汇教学。

不同研究者对词汇教学概念有不同认识。美国学者理查兹（Richards）对词汇的含义进行了解释，他认为词汇是书写或话语表达过程中最小的语言单位。他总结了词汇教学包含的八方面内容：一是扩大学习者的词汇量；二是掌握词汇的搭配形式；三是掌握词汇的功能性以及根据情境使用合适的词汇；四是掌握词汇在语言结构中充当的成分；五是掌握词汇的多种形式，如在词根加上前缀、后缀组成新词汇，两个或三个单词构成的合成词，由一种词性转化为其他词性等派生形式；六是掌握词与其他词之间的语义网络知识；七是掌握词的语义特征；八是掌握词汇的多种词义。理查兹的解释表明了词汇教学的真正内涵。

英国学者霍华德·杰克逊（Howard Jackson）在《词，意义和词汇：现代英语词汇学引论》中提出词汇教学需要注意两方面内容：一是不重视对词汇教学的研讨，无法在词汇教学研究中取得成果。词汇教学的关键是确定词汇研究的范围和英语学科的性质。二是研究词汇教学不是漫无目的地研究单一或某一学科词汇知识，而是要参考其他或相关学科研究者的研究内容以及结合多样化的多媒体技术。长此以往，词汇教学才会有突破性进展。

语言学家迈克尔·刘易斯（Michael Lewis）创立了词汇法进行词汇教学并提出以下关于词汇教学的见解。一是语言教学离不开词汇知识。词汇是语言习得的主要部分，学生要提高学习英语的自信心，教师需要给予学生更多的支持与帮助以及引导学生多掌握相关词汇。二是词汇的学习离不开语境的创设。语境能对交际活动中的语言现象进行解说，使学生充分理解交际者想要传达的词汇信息，正确理解词汇内容。三是培养学生对词汇的敏感度意识，使学生自觉关注词汇的含义与用法，提高学生对词汇的认知，逐渐提高学生学习词汇的兴趣。四是学生在词汇学习中难免出现使用错误或理解有误的情况，针对这种情况，教师不要直接纠正错误打击学生信心，应尝试用重构的方式使学生认识到语言信息使用错误。

我国学者胡春洞提出词汇教学等同于文化教学、沟通交流教学、学生思考教学、学习教学以及语言教学。词汇教学本质上就是第二语言英语教学。他提到词汇教学的内容要全面展开，不能局限于讨论词汇本身，要超出词汇范畴，改变固化模式，将词汇教学与语言、文化相联系，注重词汇教学的广泛化、多元化。我国英语教育学界认同胡春洞的词汇研究观点，这是语言学家和教育者词汇研究的主流观点。英语教师在进行词汇教学过程中不仅要教授学生单个的词，还需要教给学生与词汇相关的搭配、习语等。英语词汇教学由教师单向传授学生需要掌握的词汇知识，帮助学生理解词汇含义，促进学生在听、说、读、写中词汇运用能力的提高。依据英语词汇教学活动中实际呈现的不同形式划分词汇教学，可分为直接词汇教学和间接词汇教学两大类。直接词汇教学是教师将词汇的音、形、义以及用法作为教学内容，并把词汇当作教学目标中的重要内容的方式。间接词汇教学是教师组织和开展语言技能教学，加强学生听、说、读、写四种技能的综合运用能力并促进师生共同学习的活动，学生通过教师开展的活动习得英语词汇，从而增加自己的词汇量，提升英语理解和使用能力。

英语词汇教学是英语教学的重要内容，是英语教学成败的关键，在提高学生英语综合能力中有着重要意义。除了词汇量的增加，新课标还对学生提出了更严格的要求：要理解和领悟词汇的基本含义以及在特定语境中的意义；能运用词汇描述事物、行为和特征，说明概念等；理解词汇表达的不同功能和态度。词汇的学习在于积累、记忆和应用。

由此可见，英语词汇教学不仅是呈现词汇，让学生掌握词汇知识，还需要与语言相关的因素合作共同完成词汇教学。不同时期的教育家对词汇教学理论研究有着不同的观点。教育家对词汇教学理论的辩证讨论，使英语教师在教学活动中尝试不同的词汇教学理论进行实践，促进了词汇教学理论和词汇教学活动发展。

二、英语词汇学的理论基础

（一）语境理论

语境理论最早由英国人类学家马林诺夫斯基（Malinowski）于1923年提出，并将语境分为情景语境、文化语境与话语语境，他认为话语与环境紧密关联，语言环境对语言理解是不可或缺的。英国语言学家弗斯（Firth）继承并发展了马林诺夫斯基的情景语境观点，并加以区分语言因素与非语言因素构成的语境，并提出如何在语言环境中研究话语。英国当代语言学家韩礼德的语境理论提出语类与语域两大概念，认为语篇产生于特定文化语境之中，通过规律性极强的语类结构进行交际，并进一步强调语言存在于语境之中。

以上研究表明，语境理论可以促进英语词汇的学习、理解与运用。语境理论在词汇教学方面的运用包括创设情景呈现词汇，在语境中猜测词义、消除歧义、掌握习语、辨别汉英词汇差异等。语境理论在词汇教学过程中的应用要注意语境设置的明确化与具体化，尝试构建词汇的联想场，依靠语境将相关的词汇串联起来；要注重语境的真实性与创造性，语境的创设需贴近学生生活，帮助学生进行词汇迁移，运用词汇进行真实的互动与交流；更要强调语境渗透，除了在进行一些词汇方面的集中活动与练习之外，还需创设“间接词汇学习”的机会，即在进行其他，如听、说、读、写的学习任务过程中，附带地、间接地习得词汇，以促进掌握词汇知识的广度和深度。

（二）加工层次理论

1972年，克雷克（Craik）和洛克哈特（Lockhart）首次提出了加工层次理论这一概念。他们认为，外界的刺激进入大脑要经过不同层次的加工，加工得越深，记忆的痕迹越持久。因此，他们认为记忆的保持不在于复述时间的长短，而是取决于加工方法的不同。换句话说，有效的记忆保留取决于信息处理方式。在英语词汇的习得过程中，掌握词汇的读写仅仅是浅层次加工阶段，而深入了解词汇的含义则是深加工阶段。在不同时段的记忆过程中，如瞬时记忆、短时记忆和长时记忆，仅在学习者实现对词汇的长时记忆后，词汇信息才可以被有效、保质、稳定地保存在头脑里，相较于其他记忆阶段，进入长时记忆的词汇更不容易被忘记，而高年级学生应该利用他们以前的知识和经验，积极地构建新信息，以实现单词的深度记忆。德国著名的心理学家艾宾浩斯（Ebbinghaus）通过研究发现遗忘这一行为会在学习之后马上发生，遗忘并不是随着时间流逝呈现匀速变化的，而是表现出明显的阶段特征。在最初阶段遗忘最为迅速，随后速度慢慢降低。记忆这一行为看似容易，但实际上，它的完整过程可以分为四个阶段，分别是识别、记忆、保持、回忆。学生在记忆英语词汇、文章时，往往将关注点放在当下的记忆效果上，对后续的保留和回忆就会普遍忽视。记忆的四个阶段缺一不可，如果仅仅注重当前效果，总体来说，记忆的效率和质量都是不高的。艾宾浩斯遗忘曲线可以被教师应用到教学过程中，这也就意味着，教师需要对学生的记忆进行多次重复，以加深印象。在复习过程中，降低词汇被遗忘的速度，被忘记的词汇内容就会逐渐减少。

三、英语词汇教学的重要性

众所周知，英国著名的语言学家威尔金斯（Wilkins）在很早之前说道，假如没有语法，你将不能表达出很多东西；假如没有词汇，你将不能表达出任何东西。语音、语法和词汇是语言的基本构成因素，而词汇则是其中最为关键的要素之一。如果将语言比作一栋大楼，那么词汇就是建筑大楼的砖石。因此，掌握足够的词汇能够让学习者在英语听、说、读、写学习过程中更加轻松高效。当学习者具备了基本的语音和语法知识之后，词汇的作用才得以表现出来，此时，词汇量的多少在一定程度上影响着学习者英语能力的高低。

与此同时，英语教材有效地整合了学科知识、生活经验和社会发展等内容，题材广泛、语言地道，话题贴近日常生活。目前试卷中不管是完形填空和阅读理解，还是根据句意完成句子和书面表达，都是在考查学生英语词汇量的多少。这些试题不仅考查单词的拼写，还考查深层次的能力，如转化词形等，因此，面对更高的词汇要求，有效的词汇记忆方法就显得尤为重要。为了让学生掌握足够的词汇，在实际教学中，教师要改变传统的教学方式，同时要教授学生掌握一些词汇记忆策略，从而提高词汇记忆效果，以便更好地运用所学知识。

四、英语词汇教学的目标和内容

（一）英语词汇教学的目标

英语词汇教学的目标是期望学习者能有英语本族语者的水平。词汇能力是什么样的呢？美国学者理查兹提出了几点假设：一是知道单词口语和书面语的应用及许多常用搭配；二是了解单词功能和使用语境；三是掌握词根和派生词知识；四是知道单词及其他词的联想网络知识；五是知道一个单词的语义值。总结概括就是，外语学习者需要掌握词汇、口语、书写、语法、结构等方面的知识，所以，教师的词汇教学目标首先要明确这些内容。

在具体的课堂教学中，不能为教词汇而教。在实践中，有四种课堂类型，即分别以听、说、读、写为中心的课堂。首先，词汇学习通过听或读进行，这时的词汇学习是一种附带学习，学生的注意力更加集中在听或者读的内容而不是具体词汇上。这时，词汇教学的目标主要是词汇的意义，帮助学生排除听或者读的障碍，为之后的课堂活动做好铺垫，在这一环节，教学的目标便是帮助学生理解、熟悉目标词汇的意义。其次，当学生进行读写时，词汇学习不是附带的行为，此时，词汇教学的目标不仅是教会词义，还有用法。总之，在不同的课堂，学生由输入型学习向输出型学习转变的时候，要做到正确运用、连贯表达，教师要在不同的情况下设立具体可行的词汇教学目标。词汇教学的目标也不能脱离学生的具体学习情况，只有了解学生的学习基础和学习难点，认真分析学生学习词汇过程中存在和可能遇到的问题，才能根据不同类型学习者的要求，确定词汇教学目标。

（二）英语词汇教学的内容

在教学实践中，词汇的教学包含单词的读音、结构、词义、搭配、学习策略及文化等方面。这几个方面环环相扣、缺一不可，是掌握并熟练应用词汇的根本。

第一，教读音。语言以有声形式出现，词汇的教学离不开语音，教好语音是词汇教学的第一步。让学生知道字母组合如何发音可以加强学生的单词记忆能力，通过读音记忆单词是行之有效的学习策略之一。形成正确的发音习惯，掌握正确的词汇拼写对英语学习者十分重要。

第二，教词汇结构。词汇的结构包含词汇的写法、词根词缀以及词的分类，这是词汇学习重要的一环，教授学生掌握这些信息能够帮助学生加深对词汇的理解。

第三，教词义。英语中，词汇意义千差万别。一词多义、同形异义、同义和反义等会增加阅读及写作难度，因此，教授词义，让学生理解掌握词义有着实际意义。

第四，教词汇搭配。有的词语一旦搭配不对，意义就不准确，甚至会造成误解，这就需要教师多讲授词的不同搭配，让学生总结记忆、合理运用。

第五，教词汇学习策略。学习策略是指学习者为了学习以及调控自己的学习所采取的行动，这些策略对语言的发展有着最直接的影响；课程标准中明确指出要将学习策略作为授课的目标，学习策略也越来越受到师生的重视。词汇学习策略是学习策略的重要组成部分，自然也是词汇教学的一部分。侧重学习策略的词汇教学，教的是可以使学生提高词汇量以及加深对词汇理解的途径和方法，应因人而异，教师可根据具体情况需要进行方法指导，给学生提供可行的词汇学习策略。

第六，教文化。课程标准的总的目标是提高学生综合运用语言的能力，其中文化意识的培养也是目标之一。对英语国家相关传统文化、历史、文学等知识进行的教学有利于培养学生的文化意识，让学生了解世界各地的文化差异、开阔眼界，从而有效地进行跨文化交际。

第二节　英语词汇教学的实践应用

一、英语词汇教学的方法和原则

（一）教学方法

1. 直观教学法

直观教学法就是采用图片、实物、玩具、幻灯片等一系列辅助教具及手势、动作、表情等开展教学。对于一些表示具体事物的名词、表示具体动作的动词、表示情感的动词及形容词一般可采用直观教学法。借助实物图片教学不仅简单、容易理解、记忆效果好，而且能帮助学生建立词语本义与所指物的直接联系，使学生对词语有一个直观的印象，有利于培养学生直接用英语进行思维的能力。这种方法既直观又形象生动，而且可以大大提高学生记忆的效果。

2. 交际化教学法

交际化教学法就是让学生利用已有的词汇展开交谈，将听、说等语言实践活动与词汇教学结合起来。

3. 语境教学法

单词在不同的语境中可能有不同的含义，有不同的解释，也就是说，不应孤立地学习单词，应把单词放在短语或句子中来加以理解和学习。如果没有一定的语境，词汇也将变得没有意义，所以在教授某些单词时，最好举一些例句来说明这个单词在不同的句子上下文语境中的不同意义，以加深理解。语境教学法可使学生通过语境更加深刻地理解单词的用法和多种意义，从而对于单词的记忆更加牢固，如教 water 这个词时，可以结合以下例句。

① I’m very thirsty. I want to drink some water.

② The flowers are dry. I must water them every day.

从语境中使学生知道句①中的 water 是名词“水”，句②中的 water 是动词“浇水”的意思，从而掌握 water 的不同词性、含义和用法。

4. 音形结合教学法

要记牢一个单词首先应把音标读准，然后才能根据音标去记住单词的拼写，让学生养成良好的音形结合的记忆习惯和能力。教师在教学过程当中要让学生认识到词的读音和拼写形式是它们存在的基础，是各个词相互区别的第一要素，要让学生听到或读到某个音时，就会联想到某个词，通过反复练习在大脑中建立起词的音形关联的模式。当然，也有些单词的读音与拼写不一致，这就更需要教师去引导学生辨别分析。

5. 主题词汇教学法

所谓主题词汇教学法就是围绕一个中心主题进行大规模的反复性的词汇练习。通常，教材上的每一个单元都有一个中心话题，课文当中所出现的词汇也基本是围绕这一主题展开的。在教学过程当中，要反复训练那些主题词汇，同时积极引导学生探索发现一些课本之外的与主题相关的词汇，主动扩大自己的词汇量。

6. 构词规律教学法

英语词汇量庞大、浩如烟海，但它本身有内在的规律。掌握基本的构词法有助于学生快速地掌握英语词汇，提高记忆效率。教师在英语教学中，可以让学生了解、掌握并运用基本的英语构词法，帮助学生扩展英语词汇。常见的英语构词法有派生法、合成法、转化法、缩略法、逆生法等。掌握了这些构词法，学生只需要记住词根就可以掌握很多相关的单词，扩大自己的词汇量，达到事半功倍的效果。

7. 近义词、反义词教学法

英语中有大量的近义词和反义词，在不同的语境中其含义会有细微的差别，而学生在学习过程当中经常会对那些近义词感到模棱两可，似是而非。因此，教师很有必要在讲解某些单词时，把它相关的近义词或反义词总结出来，让学生理解并学会辨别，也可扩充自己的词汇量，如教授 scan 这一单词时，可以把它的近义词 skim、glance、glare、stare、look、see 等都教给学生，让他们意识到，英语语言是如此丰富多彩，虽然都是“看”，但英语中有这么多不同的表达，在不同的语境当中应该选择不同的单词来准确地表达。

8. 利用多种阅读材料进行词汇教学

教师不仅可以利用英语教材进行英语词汇教学，还可以鼓励学生广泛阅读英语报纸、杂志，多听英语歌曲，多看英语电影及英语宣传海报等这些课本以外的东西。另外，也可以利用考试或练习的阅读材料中经常出现的高频词汇进行英语词汇教学，扩大学生的词汇量。教师可以在讲解这些阅读材料时给出一些高频词的音标，结合该单词出现的语境，适当举例，让学生在认识这些英语词汇的基础上，会读、会写这些词汇，自觉扩大词汇量，从而提高其英语阅读能力。

9. 英语释义词汇教学法

英语释义词汇教学法就是利用学生已学过的简单的、熟悉的词汇来解释新的单词，使学生利用自己原有的英语词汇来掌握新单词的方法。这样不但训练了学生的听力，学习了新词汇，而且对于旧的单词也能得到反复应用。用英语单词来解释词组和句子可以说是一种非常必要、非常有效的词汇教学方法，如教授 look out 时用 be careful 来解释，教授 eventually 时用 finally、at last、in the end 等来解释，这样不仅简单明了，而且会增加学生学习英语词汇的信心和兴趣。

总之，以上是英语词汇教学过程当中经常使用的几种方法，它们有着完全不同的教学理论基础，但并非彼此分离，有的时候有些地方是相似或类同的，因而也会有一些交叉的地方。

（二）教学原则

1. 主体性原则

在英语词汇教学中，要遵循主体性原则。教师要坚持以学生为主体，强调学生在英语词汇教学中的地位，唤醒学生学习英语词汇知识的动力，在外力、内力的相互作用下，让学生积累更多的知识经验和学习经验，提高学生的英语词汇记忆效率。同时，只有遵循主体性原则，才能够让学生树立学习词汇知识的自信心，逐渐拓展学习、使用英语词汇的渠道，提升学生的自主学习能力，为之后的英语学习奠定基础。

另外，教师要围绕学生的记忆能力、理解水平，灵活调整词汇教学方案和活动形式，循序渐进地讲解英语词汇知识，基于整体角度来串联英语词汇知识，改变以往“碎片化”的教学方式，让学生从中掌握更多的词组搭配规律，提高词汇教学活动的效率。

2. 语境化原则

词汇一定是存在于语境之中的，离开语境就难以确定其意义。词汇教学不同于单词教学，一定要融入句子和语篇中，做到“词不离句，句不离篇”。教师应该结合句子、语篇和话题进行词汇教学，帮助学生通过语境理解词义，通过话题归纳词汇，通过听、说、读、写活动让学生加深对词汇的理解，学会运用词汇。同时，教师应充分利用和创设各种情境，在情境中教单词，使学生在情境中学单词，注重培养学生灵活使用单词的能力，力求让学生学会在交际中使用单词。

3. 知识构建结构化原则

面对繁重的学业，如何提高学习效率是学生重点关注的问题。构建结构化的词汇知识体系，使词汇学习从平面化走向立体化是提高学生词汇学习效率的重要抓手。寻找关联性是构建结构化词汇知识体系的基础。英语词汇的形成和拓展都是有根可寻的，教师通过分析词根和逻辑构建词性转变规则，以词块模式进行有机拓展，帮助学生从一个单词的学习过程中掌握一系列具有高度关联性的词汇。如此，学习词汇的效率才能得到提高，学生的学习能力才能得到提升。

4. 质量原则

质量原则是指在词汇教学过程中力求数量与质量的平衡。在词汇教学和学习中，我们应更加注重质量而不是数量，且不能只将其中之一作为唯一标准。在英语词汇教学实践中，教师要引导学习者一步步掌握词汇的音、形、义和用法，顺应学习规律，逐步推进和提高，指导学习者坚持由表及里、逐渐深入地学习和运用词汇。

5. 系统原则

系统原则包括两个方面：一方面，词汇教学要按照学生认知能力的发展一步步推进，不能一蹴而就。另一方面，词汇教学与英语听、说、读、写各个方面密切相关。如果学习者想要掌握词汇，他们就应该在词汇学习中考虑其他语言元素。因此，词汇、发音甚至语法的整合都可能对学生有所帮助。

6. 释义原则

释义原则涉及词汇教学中是用汉语还是英语来对词汇进行解释说明。对于一个英语初学者来说，由于词汇量有限，很难用英语为其解释一个新词的真实含义和直观含义。这种情况下，中文翻译对其了解一个新词的含义和用法非常有帮助。如果学生已经掌握了大量词汇，教师应充分利用学生熟悉的英语单词来解释生词。词汇教学过程中可参考学习者的学习水平，选取合适的语言进行释义。

二、英语词汇教学存在的问题

（一）教师方面

1. 对词汇教学方法与学生的学习策略培养的重视程度不够

首先，大部分教师在平时的英语教学中比较重视语法、阅读教学而轻视了词汇教学。一些教师会觉得通过课上听、课下背、勤练习就能达到词汇教学的目的。他们认为新词汇的教学方法就是教给学生词汇的正确发音，然后让学生课后自行记忆。在这样的教学方式中，学生所记住的单词都是孤立存在的。简单来说，就是强调单词的读音和背诵，而轻视词法的讲解。所以在词汇教学中，如果把词汇孤立起来，不把其放入句型或语篇中，那么学生的词汇学习效果就不太理想。

其次，少数注意到对学生学习策略指导的教师，在指导时也只注重了课堂中的学习策略指导，如在课堂上会要求学生跟着录音朗读词汇，这属于对学生学习策略的培养，但忽略了词汇学习前计划的制订以及记忆的三个过程（识记、保持、回忆和再认），缺少了初期的引导及后续的持续关注，词汇学习效果自然会不理想。

最后，方法过于单调。尽管部分教师会向学生提供词汇的语境，但是教学方式和教学模式都比较老套，仅仅流于形式。这种教学通常顺序如下：首先，带读单词。其次，讲解释义。再次，翻译词汇例句。最后，课后自行记忆。这种教学方式虽然没有完全孤立词汇，但千篇一律的教学模式往往缺乏创新。如教师在课堂上会抽查学生运用所学词汇翻译例句，但学生在自主学习词汇时，缺乏主动留意单词例句的习惯，这就导致学生对课上所要呈现的内容缺乏兴趣。简单来说，这种教学方式仅仅强调词语的原义而忽视了语境的作用。

2. 对教材的依赖性较强

部分学生只会完成教师布置的相关作业，课后较少会自觉地展开课外阅读，且学生的词汇学习更多地局限在课本、与考试相关的内容以及教师的硬性规定上。教师对于词汇的教授不应该仅仅局限于课本上的单词，要提醒学生在课后多观察生活中以及媒体中运用的词汇，如在公共场所随处可见的绿色标志“Exit”（安全出口）、商场里的提示牌“No Smoking”（禁止吸烟）、网络上热门的“e-commerce live streaming”（电商直播）等。除此之外，教师还可以以学生的爱好为基础，鼓励学生阅读自己感兴趣的英文书籍，以扩充词汇量。词汇学习的终极目的是词汇应用。我国的学生在英语学习过程中，认知水平普遍较高，但其对词汇的创新应用水平相对较低，学生难以将词汇的接受性知识转变为输出性知识。

3. 脱离语境，独立教学

尽管课堂上教师会教授新词汇，但学生大多只能掌握词汇的朗读及拼写，不会运用所学新词汇进行更深层次的沟通。所以，在词汇教学中，教师要做的不仅仅是讲解清楚单词，更重要的是教会学生如何应用所学词汇。在教学中，如何为学习者创设一个“输出”的情境，为学习者提供一个“输出”的机会，是教师的一项重要工作。除此之外，教师还应该指导学生进行有效的语言练习，鼓励学生在实践中运用英语，做到学以致用。然而，创造更多的使用语言的情境，并不等于延长学时。实际上，融入整合式的教学对学生来说更加有效。因此，如何把词汇和词汇策略的学习融入教材中去，使之融合到日常教学中去，是教师应重点关注的问题。

教师应该关注词汇在语篇、语境中的应用，重视对学生语言交际能力的培养。英语词汇教学已经不再只是简单意义上的词汇记忆活动，而是应该根据具体的主题或者是特定的情境来进行的综合性的语言教学活动。但是一些教师往往会脱离语境，独立教学，如教师在讲解 accommodation（住宿）这个单词的时候，直接询问学生单词的意思，接着扩充短语 provide accommodation for sb.，进而呈现例句“Can you provide accommodation for three people？”。整个单词的教学过程基本脱离语境，独立讲解词汇，没有进行词汇意义的联系。又如教师在讲解 supply（供应）这个单词的过程中，首先询问学生 supply 作为动词以及名词的不同含义，接着教授 in short supply 以及 supply sth. to sb. 这两个短语，最后，教师布置任务，学生翻译两个例句：“I want to know the reason why the milk is in short supply.” “The government has supplied plenty of food and clothes to local people.”。在这个教学过程中，教师主要孤立地讲解单词的意义与用法，忽视了语境的作用。与此同时，教师在讲解单词的过程中，基本按照讲解例句的思路进行授课，通过大量的例句教授词汇。大多数的教师会选择在讲课文前进行词汇集中教学，这种独立教授词汇的方法不太可取。因为语言要在具体的语境中才会有它特有的具体的意义，否则，语言就是孤立的、空洞的、没有实际意义的。这种脱离语境的教学方式与交际教学法的原则不符合，比较注重形式，而忽视意义。这种脱离语境的词汇教学比较枯燥，使学生只是暂时地记住，不会做到长时记忆，没有激发学生学习词汇的兴趣，不能够培养学生的语言综合运用能力。教师全程讲解词汇知识点，而且没有结合语境进行词汇教学，学生处于被动的状态，只是机械地记忆词汇的表面含义以及拼写方式，不会在具体的语境中进行有效的运用。

因此，学习单词一定要结合语境，有了语境便有了更多词汇意义的联系，学习效果将大大提升。教师在一定的语境下进行词汇教学不仅可以帮助学生准确地理解词汇的含义，而且有利于他们在语境中掌握词汇的用法和固定搭配，加强学生对词汇的记忆。词汇教学应贯彻意义领先以及内容领先的原则，把词汇教学纳入文章内容及具体语境中，注重培养学生的语言交际能力。

（二）学生方面

1. 词汇学习目标不清

学习者在学习中需要明确自己词汇学习的目标、词汇学习的需要，制订一份切合实际的学习计划，注意了解和反省自己在学习中的进步与不足，积极探索适合自己的学习方法。

2. 词汇学习重难点把握不准

词汇学习是一门“技术活”，学生需要把握好学习的重点和难点，利用有限的学习时间和精力将自己的学习成果最大化，才能达到事半功倍的效果。学生缺乏对重难点的把握，无差别花时间在所学词汇上不仅会抑制学生的记忆力和学习能力，还会导致学生在学习过程中半途而废，认为自己没有词汇学习的天赋，可能放弃词汇的学习。

3. 词汇学习方法欠妥

首先，在英语学习的过程中，一些学生把词汇看作独立的知识模块，能记住一个单词的中文意思，却在实际运用中含糊不清，这就导致词汇的积累与词汇的运用脱节。学生学习词汇的方式多为课堂听教师讲解词汇的意思、课后记忆词汇等。这样的学习方式不能有效发散学生的思维。因此，学生在课中、课后对于词汇的学习都处于被动的状态，积极性不高。

其次，一些学生不重视词汇特点、发音及语言规则，无法有效利用构词法如派生法、合成法、转化法等多种记忆方法来记单词，机械性地死记硬背，拼读能力弱，单词记忆效率低。

再次，一些学生没有遵循记忆规律，对所学词汇没有及时复习，导致逐渐遗忘所学的词汇。而此时，若学生想重新记忆词汇而去选择重复抄写单词，反而会增加学生对词汇学习的厌恶感。

最后，一些学生在词汇学习中，如遇到不理解的生词或学习心态出现了问题、自身性格较腼腆等，无法及时向教师或者同学寻求帮助，导致词汇学习更是难上加难。

三、英语词汇教学的实践策略

（一）提高教师的词汇教学能力

1. 选择恰当的教学时机

语境就是上下文，即单词、短语、语句或语篇的前后关系。单词是存在于一定的语境中的，如果单词离开了一定的语境，就会变得呆板、生硬，没有活力。英语中的词汇比较多，而且很多词汇有多种的含义，如 come、go、make、set 等。在教学过程中，教师应该选择恰当的词汇教学时机，可以按照教学任务以及活动的实际需求，利用上下文语境进行词汇教学，而不是在课前集中按照词汇表孤立地讲解词汇。在一个单元中，教师可以按照听、说、读、写的具体要求讲解词汇，如在阅读课上，教师可以利用上下文语境讲解词汇，帮助学生更好地理解词汇的意义。此外，教师也可以在听力课上，让学生进行一定的词汇训练，借助语境帮助学生高效地学习词汇。在词汇学习过程中，如果学生脱离了一定的语言环境，只是对单词进行死记硬背，不仅会花费大量的时间和精力，而且也很难取得预期的良好效果。教师如果能够把词汇教学与语境进行融合，让学生在真实的语境中去体会词汇的不同意义，熟练运用词汇进行沟通交流，学生的自主探究能力就能得到不断提升，这样自然可以取得事半功倍的效果。因此，教师应该创设词汇教学的真实语境，让学生在真实的语境中去感受词汇的意义。

学生在一定的语境下学习词汇有利于加深对词汇的理解，让原本无意义的符号学习变得有意义，灵活运用词汇，提高语言交际的能力，不断地增加课堂参与度。教师可以根据教学内容积极地创设情境语境和文化语境，借助小组合作学习的方式，提高学生自主探究的能力，更顺利地完成教学任务。只有在一个真实的语言环境中，词汇才是有活力的，才是有生命力的。如果只是单纯地进行词汇的记忆活动，学生无法了解词汇和词汇之间所呈现出来的关联性，也就无法快速地扩大词汇量。因此，在词汇教学的过程中，教师应该把词汇教学与课文内容联系起来，指导学生通过具体的语句和语篇来理解词汇的含义和用法。

2. 转变词汇教学观念

为了帮助学生掌握并理解词汇，进而激发他们学习英语的动机和兴趣，改善目前英语词汇学习的状况，要做到以下几点。

第一，教师需要不断提升自身的教学素养。教师要从根本上改变自己的教育理念，坚持以学生为中心，在词汇教学中尊重学生的主体地位，做好学生的引路人。学生在学习英语词汇时缺乏运用学习策略进行有效学习的能力，因此，在英语词汇教学中，教师应该引导学生正确地运用学习策略，以期达到更好的词汇学习效果。一些学生对词汇学习策略缺乏系统、全面的了解，而教师在词汇教学中往往忽视了对学生进行学习策略的普及，因此，教师要转变自己的词汇教学观念，让学生认识到合理运用学习策略对词汇学习的必要性。首先，教师教授目标词汇之前，要向学生解释元认知策略并提醒学生元认知策略对整个词汇学习过程的重要性。这就要求教师需具备在教学中提醒学生提前制订词汇学习计划的意识，帮助学生了解到本单元或者本堂课词汇学习的目标。其次，教师还应意识到整个词汇学习过程中学生自省的重要性，在词汇教学过程中引导学生反思自己的不足并帮助学生积极探索适合自己的学习策略。

第二，教师需要改变学生认为单词学习等于记住单词列表中的字母拼写、读音和中文含义的陈旧观念。教师应时刻谨记并提醒学生利用同源词、词根词缀、单词分类或者定期复习所学词汇等认知策略，帮助学生更新学习观念，逐步转变死记硬背的学习方式。

第三，教师要有意识地运用资源管理策略。机械记忆的知识容易遗忘，导致学生对单词的记忆不牢固。因此，教师应该采用多样化的教学方式来帮助学生营造词汇运用的情境，如教师可以在课堂内外加强读写的训练。广泛的阅读可以让学生更好地理解词汇的用法，为学生能更好地在实际生活中运用词汇提供参考。阅读材料可以选用具有时效性以及趣味性的英文报纸、杂志等，这样可以有效地拓展词汇知识的广度和深度。此外，教师要求学生进行文章相关的读后感、评论的写作可以帮助学生自觉地去模拟并巩固所学词汇，从而提高其对词汇的实际运用能力。

第四，教师可以合理使用社会情感策略，为学生创设特定的语言情境。学生可以在特定的情境中运用所学词汇和同学或者老师进行交流。若交流过程中出现困难，教师应有意识地提醒学生调节好自己的心态并引导其积极向他人请教。

3. 改进词汇教学方法

在英语词汇教学过程中，教师应积极引导学生采用学习策略以增强词汇学习效果，这就要求教师不断改进词汇教学方法，并引导学生发挥自己的主观能动性。学生掌握了适当的学习策略后，才能在词汇学习效果中取得质的飞跃。在英语词汇教学中，教师的职责包括向学生解释所学词汇的含义及最终学习目标，引导学生在词汇学习中确立正确的方向。

第一，教师应加强学生元认知策略的培养。在初始阶段，教师可帮助学生制订合适的词汇学习计划和目标，并引导学生对词汇学习内容开展自我规划、评价和总结反思。教师可以以单元为单位划分词汇的重点、难点，帮助学生确定本单元词汇学习目标，并将其告知学生，让其能够以自己的实际能力为依据调整适合自己的词汇学习目标。

第二，在词汇教学过程中应注意认知策略和资源管理策略的综合运用。当学生清楚自己的学习目标之后，教师应利用词汇分类方法、同源词以及词根词缀让学生在有限的学时内将自己的词汇学习效果最大化。在课堂教学外，教师应该定期抽查学生之前所学词汇，督促学生定期复习所学词汇。此外，教师还可以将生活中的词汇与课堂相结合，如要在课堂上讲解“media”这一词时，可以先由流行词“自媒体（We Media）”过渡到该词的具体用法。

第三，教师可以利用已有资源，运用社会情感策略开展合作学习。教师可以将网络多媒体资源运用到教学活动中，然后将学生分成若干小组，针对某个话题，通过口语交际、学生演讲、辩论等形式让学生展开讨论，开展合作式学习。因此，英语教材应适当加入有关学习策略的相关知识，以便让教师能灵活地开展词汇教学活动。在词汇教学中，教师对词汇学习策略的指导相对较少，因此，教材中所涉及的学习策略能够帮助教师明确教学目标。

4. 多元评价学生词汇学习

教学过程中要实现评价主体、形式、内容和目标的多样化，促进学生学习过程和结果的评价达到和谐统一，提高学生自身素质和学习水平。教师是教学过程的主导者，应注重学生的英语学习过程。教学中，教师会根据不同类型的学生的基础水平和发展需要选择有针对性的评价方式，使学生通过教师的评价了解学习状况，认识自己的不足之处并获得有针对性的建议。

（1）激励评价法

激励评价法是激发学生内在潜能的重要方式，它是指教学过程中教师观察学生的表现并对学生良好的学习和行为习惯给予称赞和鼓励的方法。这种评价方式让教师挖掘学生的优点，使学生了解自己的学习状况，发现自己的闪光点，促进学生在学习过程中更好地调动和发挥主观能动性，挖掘学习潜能，达到既定的学习目标。激励评价的方式可分为口头激励评价和书面激励评价。口头激励评价是教师运用恰当的语言对学生学习行为进行的鼓励，如学生回答正确或上课表现积极，教师可以用“Wonderful”“Excellent”“Well done”“Clever boy / girl”等鼓励性评语。如果学生在回答问题时出现回答错误或回答不全面的情况，教师不要直接否定或纠正学生，因为直接否定学生会挫败学生的自信心和积极性，打断学生的思路。学习本身是个循序渐进、积累经验的过程。教师要以委婉的语气帮助引导并解决学生的学习困难。面对学生的错误回答，教师先对学生积极回答问题的态度表示鼓励“You have made great progress in English.”“Now you can do better than you did before.”，再给予学生示范使其纠正错误。对于性格内向、不善于主动回答问题的学生，教师可以用“Come on, boys/girls. Let’s have a try.”“It’s a piece of cake, I know you can do it.”等话语进行鼓励。书面激励评价更多关注学生在学习过程中的发展与变化，教师对学生学习过程的行为表现和学习结果做出的总结性评价可以帮助学生有效调控学习过程，提高学习效率。

（2）小组评价法

小组评价法以小组为单位。它是教师根据教学目的和学习任务将学生进行分组，每组的组内成员相互讨论，共同完成目标，之后各组组间互相总结评价，再由教师提出建议、完善指导的评价方式。小组评价法包括以下步骤：首先，教师会明确学习任务，学生根据活动任务分组进行讨论，寻求解决途径。其次，各小组成员展示讨论结果，教师或学生或小组对其成果做出讨论。最后，教师汇总评价结果并反馈给学生。小组评价可以增进同学间的交流，调动小组内成员合作学习的积极性，培养学生的合作意识和团队意识，使学生积极、高效地参与学习活动。

（3）活动评价法

活动评价法就是教师通过活动了解学生的知识掌握状况。教师教授学习材料，使学生掌握知识要点。教师再组织活动将所授知识点包含其中，让学生围绕知识点展开活动。教师根据学生在活动中的回答和表现判断与分析学生的英语综合运用能力，做出评价，提出建议。常见的活动评价法有教师设定情境，在情境中赋予学生不同角色，使学生进行角色扮演和体验；小组对话，学生分组根据自己的实际情况与同伴进行对话训练等。活动评价法将独立、分散的知识与趣味盎然的学习活动相联系，提高了学生英语学习的积极性，促进学生英语综合运用能力的发展。

（二）优化学生的词汇学习方式

1. 丰富词汇学习途径

对于学习途径来说，学生学习英语词汇知识的来源不再单一，他们除了从课堂上教师讲解这一途径去了解这些知识之外，也能够做到从多渠道、多方面去学习。当今信息技术高速发展，学生已经会使用各种短视频软件进行娱乐，这些视频内容对于学生的影响较大，而英语作为一门工具性语言，需要通过在其他知识和生活的应用中得到体现，这就需要充分利用这一有效渠道。教师播放学生感兴趣的英文短视频可以帮助他们理解词汇、培养语感和拓宽知识面，丰富学生词汇学习的渠道。这一事例也启发我们，英语教师的词汇教学方法要根据学生的学法进行选择，教师的教就是为了学生在日后能够积极主动地学，同时，使用各种多媒体技术有助于快速吸引学生的注意力。

在当前的数字化时代，从教师的课堂教学中获取知识已不再是唯一途径，各大自媒体和短视频平台的发展趋于完善，若是可以充分利用起来，学生可以获得更加丰富的学习渠道，这对学生的词汇学习有很大的帮助，如微信小程序“外研新标准英语点读”里面就提供了丰富的英语词汇学习资源，包含小初高全学段的语音点读功能，学生无需课本和教师就可以进行词汇的复习和训练，以及各类微信公众号里面发布的文章，包括最新的学习方法和各单元知识点的归纳；抖音、小红书等手机软件中有丰富的学习资源，很多博主会在这些平台分享与英语词汇相关的视频等资源；在一些网站上有专门的学习区，其中也包含一些有趣的词汇解读、背景故事分享等。另外，课外书籍也是一条很好的词汇学习途径，跟英语相关的课外书籍很丰富，其中之一就是英语绘本。英语绘本通过图画与文字巧妙的结合，帮助学生提升阅读和理解的能力，因此学生可以通过阅读绘本将图画和词汇联系起来理解单词的意义，激发学生的学习兴趣。此外，教师还可以向学生推荐自己筛选的优秀的词汇学习资源，并将其带到课堂上向学生展示，也可以让学生互相交流、分享自己的学习成果。

2. 优化记忆词汇方法

记忆词汇是灵活使用词汇的基础，因此提高学生的单词记忆能力是很有必要的。但英语词汇的学习本身对于学生而言是比较枯燥的，因此学生在词汇学习的过程中总是缺乏主动性，教师需要引导学生掌握一些有效的方法来让这个过程变得有趣。大多数学生比较喜欢利用朗朗上口的歌谣和归纳同类词进行单词记忆，不喜欢枯燥的死记硬背，因此可以通过一些巧记方法，引导学生轻松记忆单词，这有助于提高学生的英语词汇学习兴趣。

在英语学习和各种英语测试中，记忆词汇是基础。拥有扎实的基础，听、说、读、写四项技能才能稳步发展。但在实际教学中，词汇学习已成为学生学习英语的最大障碍，词汇学不好在一定程度上阻碍了学生英语学习的进程。俗话说："基础不牢，地动山摇。"其实，记忆英语词汇不仅需要良好的心态和学习态度，还要有毅力，更要讲究技巧和方法。以下主要介绍英语词汇教学记忆的几种主要方法，供学生应用参考。

（1）联想记忆法

所谓联想记忆法就是把一个单词分割成几个单词或几个部分，并用联想的方法记住。联想辐射的范围很广，可以由部分联想到整体，以及其他事物，也可以由某一特征联想到一类事物，还可以是读音、词性、词义方面的扩充联想等。下面主要从音、形、意这三个方面来进行讲述。

第一，音义联想法。音义联想法就是通过联想，在单词英语发音与单词词义之间建立联系，从而记住单词的方法，也就是俗称的谐音记忆法。实质上，音义联想法是以谐音的方式赋予单词发音意义的一种记忆方法，所以，音义联想法是最快捷、最便捷的单词记忆方法。

第二，形义联想法。形义联想法就是在单词的组成部分与单词词义之间寻找联系来记忆的方法，也就是对单词的结构进行一定的想象。

第三，意义联想法。意义联想法就是从词义方面联想与其有关联的词。

通过教授学生联想记忆法，学生知道了从音、形、意三个方面对单词进行联想，这样有助于学生更好地记忆单词。

（2）比较记忆法

比较记忆法就是对相似而又有所不同的知识进行比较、分析，弄清它们之间的相同点和不同点，以达到记住知识的目的，如把 ball 和 call 进行比较，把 talk 和 walk 进行比较，这是音形比较；把 home 和 house 进行比较，把 like 和 love 进行比较，这是同义比较；把 hot 和 cold 进行比较，把 long 和 short 进行比较，这是反义比较；把 doctor 和 patient 进行比较，把 teacher 和 student 进行比较，这是对应比较；把 take in、take out、take over、take up、take down 进行比较，这是词汇搭配比较。通过使用比较记忆法，学生在对单词进行比较的过程中，加深了对单词的印象。

（3）归纳记忆法

所谓归纳记忆法，是指通过个体，探索并发现一般规律的方法，引入英语词汇记忆中来，意指通过个别单词发现规律，然后进行进一步探索、总结，再统一记忆，如有一些单词在词尾加 -ly 后，意思发生了变化，而有的单词以 -ly 结尾却没有“……地”这个意思。又如学习有关水果类的单词时，可将已学过的有关水果的单词 apple，pear 等纳入此类中。同时，归纳记忆法也在教学中为教师提供了科学依据和理论指导。教师在词汇教学中运用归纳记忆法不仅能帮助学生快速掌握大量的词汇，而且能激发学生的学习兴趣。在英语教学中采用归纳记忆法进行辅助教学，能够帮助学生理解容易混淆的单词、短语和语法结构，实现前后知识和相似内容的有效区分和有机联系，此外，这也在一定程度上提升了学生英语学习的核心素养。通过教授学生归纳记忆法，学生对单词所属类别有了一定的了解，能够对单词从整体上进行把握。

（4）思维导图记忆法

只有记住了单词的音、形、意，我们才可以说是真正意义上记住了单词。死记硬背的方法大多停留在识别和具体记忆方面。在记忆特定单词的过程中，应根据具体的形式进行分类，主要可分为以下几种方法。

第一，相同主题法。思维导图的分类归纳功能很强，如衣物穿着、温度、配饰、季节都可以归纳为与天气相关的词汇，我们可以充分利用分类词汇思维导图帮助学生轻松地完成记单词这个任务。

第二，新词、旧词结合记忆。想要扩大词汇量，就要找出新词和旧词之间的联系。一旦新词和旧词联系起来，就不容易被忘记，如我们在学新词 snake 时，可以和已学过的单词 bird、chicken、cat、dog 联系起来，记单词以熟带新能让印象更深刻，这一方面可以用到思维导图的发散思维。

第三，颜色图形法。首先，我们要把词汇画成相应的图形，就像小朋友玩的看图识字游戏。当我们把生词画成思维导图时，我们应该考虑用图像来表达这些单词。有些词非常适合用图形来表达，如桌子、小花、西瓜等，但有些词不太容易转换成图形，但只要我们充分发挥自己的想象力，就一定能找到帮助我们记忆的图形。应该注意的是，这些图形没有必要完全表达这个单词的意思，只要它们与这个词密切相关就可以。

第五章　英语语法学理论与应用

语法学是语言科学中历史最久、研究和学习人数最多的分科。英语是世界上使用范围最广的语种，英语语法是世界上研究最深入的语法之一，成果之多，可说占世界首位。历史上的语言学流派曾把自己的理论模式实际应用于英语，以试其锋芒。

第一节　英语语法学的基本理论

一、英语语法学的概念

传统语法学家认为语法是语言的组织规律，主要指的是词的形态变化和用词造句的各种规则。传统语法的最大分析对象是句子，而新兴的功能语法学派关注语言在各种社会语境中使用的不同形态，并且还观察语言承担的各种社会功能以及对读者或听众产生的影响。这种语言观将语言看作一种能够使人成为一个组织的积极参与者并进行信息交流的社会行为。这种观点极大地丰富了传统语法，使人们打破句子甚至篇章的束缚来认识语言。要理解英语语法学的概念就要从词法学和句法学两个方面开展研究。

所谓词法学，就是研究组成句子的词语词类的学科。词类是以词的意义和其在句法结构中的语法功能为依据而划分出来的。英语有较丰富的形态标志，词类的语法功能较明晰，词类与其在句子中充当的句法成分和发挥的句法功能基本上存在简单对应关系。英语中的词类主要包括名词、动词、形容词、副词、限定词、代词、介词、连词等主要大类，每种词类只能固定地充当一种句子成分，句法功能单一。

句法学，顾名思义就是研究句子语法的学科。具体而言，句法是句子的结构方式，它描述单词是如何组合成句子的，它约定语素连接成词组和句子的规则，在语法学中指研究词组和句子组织的部分。句法是规定句子中词的排列以及词与词之间结构关系的表现方式的规则体系。句子中词的排列规则可确定句子中词充当的句子成分（如主语、谓语、宾语、表语等）、词的类型（如名词、动词、形容词、代词等）、词的用途（如作为组成各种短语的成分等）以及组合方式和组合类型等。词与词之间的结构关系，如语序和曲折变化可确定词在句子中的语法功能。

二、英语语法学的内容

（一）词类

1. 英语词类的划分

词类，又叫词性，指词的基本类型，是语言中单个词的语法分类。对词进行分类时主要依据词的语法功能，也就是词在句中所起的作用。英语中每一个词都归属于一定的词类，词汇意义相同的词如果形态不同，就分别属于不同的词类。在英语里划分词类主要依据词的形态变化，如 beauty、beautiful、beautify 通过词尾一看就知道是名词、形容词、动词。

英语词类的划分可追溯到古希腊与古罗马时代。十八世纪有人把词汇分为虚词和实词，至今仍被人们认可，如英国语言学家奎克（Quirk）提出十大词类，其中，虚词包括冠词、介词、代词、指示词、连词和感叹词，实词包括名词、动词、形容词和副词。该划分法的科学性已得到不少语言学家的认可。

奎克等提出的十大词类，与北京外国语学院教授张道真、北京外国语大学教授薄冰等人的语法著作中的十大词类相比，不同之处是不包括数词，但增加了以 this、that 为代表的指示代词。

英国的语言学家利奇（Leech）、瑞典的语言学家简·斯瓦特维克（Jan Svartvik）也提出了十大词类，它们是助动词、限定词、代词、介词、连词、感叹词、主动词、名词、形容词与副词。

北京外国语学院教授张道真的《实用英语语法》指出，英语中的词汇根据词义、词形及句法作用分为十类：名词、动词、形容词、代词、数词、冠词、副词、介词、连词和感叹词。

福建理工大学外语系教授刘应德的《分析英语语法》在第一章英语词类概论中对十种英语词类——名词、动词、形容词、代词、数词、冠词、副词、介词、连词和感叹词进行了概述。

2. 词类转化现象

词类是研究词汇学的一个重要概念。随着语言的发展，一个词由一种词类转化为另一种词类并为人们所接受就是词类转化现象。所谓词类转化也称为零位派生法——不经过词本身的形态变化，从一个词类转化为另一个词类，获得另一个词类所具有的语法意义。词类转化普遍存在各种语言里，如汉语中的“春风又绿江南岸”“红了樱桃，绿了芭蕉”等。古汉语中的使动和意动用法都是词类转化的典型用法。词类转化也广泛地存在于英语中，已成为一种重要的构词手段。

在语言中，词类转化是一种灵活的语言现象，可以通过词形变化或语法结构变化来实现。以下是几种常见的词类转化。

①名词转化为动词。一些名词可以通过添加动词后缀或直接转换为动词来表示一个动作或行为。例如，名词 water 可以转化为动词 water，表示给植物浇水。

②动词转化为名词。一些动词可以通过添加名词后缀或直接转换为名词来表示一个人或物。例如，动词 run 可以转化为名词 runner，表示一个跑步者。

③形容词转化为副词。一些形容词可以通过添加副词后缀转换为副词来表示一种描述或方式。例如，形容词 quick 可以转化为副词 quickly，表示以快速的方式。

④副词转化为形容词。一些副词可以通过添加形容词后缀或去除副词后缀而转换为形容词来表示一个性质或状态。例如，副词 slowly 可以转化为形容词 slow，表示慢的状态。

⑤形容词转化为名词。一些形容词可以直接作为名词使用，表示一种特定的对象或事物。例如，形容词 young 可以作为名词使用，表示年轻人。

词类转化是语言中常见的现象，可以丰富词汇的用法和表达方式。灵活运用词类转化可以帮助我们更准确地表达自己的意思，并使语言更具变化和创造性。

（二）时态

1. 英语时态的定义

在英语中，时态的概念非常重要，是一个句子在意义上不可或缺的组成部分。英语中的时态一词最初仅指时间，然而作为英语的一个重要语法项目，时态并不等同于时间本身，我们可以大致总结出时态是时间位置的一种语法表征。

2. 常用时态分类

（1）一般现在时

一般现在时主要表示的是处于常态的事物，以及反复发生、包含事实存在的事物以及客观真理、个人的爱好以及特长能力等。例如，

He lives in Shanghai.

他住在上海。

（2）一般将来时

一般将来时的构成形式分为两种，分别是 will+*v.* 以及 be going to+*v.*，行为动词（*v.*）使用的是原形。

大多数情况下，对未来进行预测使用 will+*v.* 的频率更高，而做计划以及打算的时候，使用 be going to+*v.* 的频率更高，部分时候二者也可以通用。例如，

I will go to school tomorrow.

我明天要去上学。

（3）现在进行时

现在进行时表示现在正在进行的动作或者正在发生的事情，其构成形式是 be+doing。例如，

He is playing the piano.

他正在弹钢琴。

（4）一般过去时

一般过去时表示的是在过去时间里所发生的事情。例如，

He was here yesterday.

他昨天在这里。

3. 时态的功能

（1）概念定位功能

时态的概念定位功能包括经验功能与逻辑功能。经验功能是时态内在和本质的基础功能。这种经验可以传递某种信息，例如，某件事在过去已经被了解到，到现在仍然存在，或者将在未来继续存在。此外，时态的逻辑功能同样重要。逻辑功能是语言中两个或两个以上功能单元之间逻辑关系的表达。逻辑功能专门指两个以上时间经验之间的逻辑关系，当逻辑关系投射到句子层面，其包括依赖关系、并置关系与自主关系。

（2）交际互通功能

时态不是表达时间概念的基本语言手段，但有时它涉及人际关系的意义和使用。共识感和约束感共同为交际双方创造了一个动态的交流空间。共同理解达成的交际互通功能使参与者可以连接不同的时间（过去、现在、未来）和不同的空间视野。因而，同一或不同时间范围内的有机统一意味着情境的融合。从受限意

义的角度来看，交际互通功能是指时态在表达中所能形象化的模态意义功能，可细分为概率性、频率度、责任感与意志力。

（3）语篇联结功能

时态是构建文本的一种方式，因为在文本所呈现的语境中，几个事件之间的时间关系是通过时态交织在一起的。在不同时间层面形成的文本对事件的叙述是有用的，而文本的连贯性和紧密性也很重要。当然，表面独立、看似毫无联系的语篇片段也可以通过使用统一的时态来实现文本的一致。时态在话语语境中形成一条时态链，并以特定的方式说明时态领域中某些事件之间的关系。整个语篇好似被重新洗牌、排序，无拼接痕迹并且自然地衔接在一起。

（三）语态

1. 英语语态的定义

语态一直是众多语法学者研究的重要对象之一。中山大学教授王宗炎在《英汉应用语言学词典》中将语态解释为一种语法形式，用以表示动词与主语及宾语之间的关系。语态是一个语法范围，它可以使我们从主动和被动两个角度的任何一个来看句中的动作，且事实不变。从形式或范畴角度给语态一个准确的定义实非易事，但我们可以进行分析和描述。语态涵盖内容十分广泛，历经语法历史变迁，而且语法学界的研究是不断推陈出新的。

第一，主动语态：表示主语是动作发出者或执行者。例如，

We water the flowers.

我们浇花。

第二，被动语态：表示主语是动作承受者。例如，

The flowers are watered by us.

花被我们浇。

2. 主动语态和被动语态的特征

第一，被动语态由主动语态转变而来，主动语态是较基本的语态。例如，

Mary cheated Rob.

玛丽欺骗了罗布。（主动语态）

第二，在转换方法上，由主动语态变为被动语态时，将主动语态句子的宾语变为被动语态句子的主语，动词变为 be+*v*.-ed 的形式。

第三，主动语态句子的主语在句子变为被动语态后，或省略或在必要时由 by 来引导。例如，

John was beat（by him）.

约翰被（他）击败了。（被动语态）

（四）句子成分

1. 英语句子成分

句子成分就是指句中各个功能不同的成分，也就是组成句子的每一个成分。句子成分有主次之分。主要成分是指句中必不可少的成分；次要成分是指句中可有可无的成分。主要成分有主语、谓语、宾语、表语、补语；次要成分有定语、状语和同位语。

（1）主语

主语是句子的主体动作的执行者，是句子所要描述的人或事物。

The apple is red.（the apple 名词）

苹果是红的。

Reading in bed is a bad habit.（reading 动名词）

躺在床上看书不是一个好习惯。

（2）谓语

谓语通常由动词或动词短语构成，用来描述主语的动作、状态或特征。

My mother enjoys shopping.（enjoy 动词）

我妈妈喜欢购物。

（3）宾语

宾语是动作所涉及的人或物，也就是动作的对象或内容。

He bought a book yesterday.（a book 内容）

他昨天买了一本书。

在某些句子中既有对象也有内容，这种句子叫作双宾语结构。

I gave him a book.（him 间接宾语 /a book 直接宾语）

我给他一本书。

（4）补语

在英语中，补语通常是指补充说明主语或宾语的句子成分。它们通常可以与宾语一起构成主谓或主系表关系。补语可以是名词（短语）、形容词（短语）或介词（短语）等。

I found the book interesting.

我发现这本书很有趣。

Reading makes me happy.

读书使我快乐。

I saw her with a smile.

我看见她带着微笑。

（5）定语

定语是限定或描述名词的词或短语，通常用于描述名词的性质、特征或属性。在英语中，定语通常放在名词前面，对名词进行修饰或限定。

Tom is a handsome boy.

汤姆是个英俊的男孩。

（6）状语

状语是用来描述动词、副词、形容词、事件状态或程度的成分。在英语中，状语通常用来提供关于动作的时间、地点、方式、原因、条件、让步等更多的信息。

在句子“She dances beautifully.”（她跳舞的方式很优美）中，“beautifully”是一个副词状语，描述了动词“dances”的方式。

在句子“His handwriting is very beautiful.”（他的书法非常好）中，“very”是一个副词状语，修饰形容词“beautiful”。

（7）表语

表语是用于表示主语的身份、状态、特征、特性等的成分，通常紧跟在系动词之后。在英语中，表语通常由形容词、名词、介词短语等构成。

在句子“He is a student.”（他是一个学生）中，“a student”是表语，表示主语“He”的身份是一个学生。

在句子“The flowers smell nice.”（这些花闻起来很香）中，“nice”是表语，表示主语“The flowers”的状态或特性。

（8）同位语

同位语是用来说明名词的结构，通常放在名词之后，来提供附加信息。

This is my friend Harry.

这是我的朋友哈利。

2. 句子主要成分的排列顺序

（1）主谓结构

① Everyone（主语）laughed（谓语）.

每个人都笑了。

② He（主语） has come（谓语）.

他已经来了。

（2）主谓宾结构

① I（主语） want（谓语） a ticket（宾语）.

我想要一张票。

② Ruth（主语） understands（谓语） French（宾语）.

露丝懂法语。

（3）主谓宾宾结构

① Mary（主语） lent（谓语） me（间接宾语） her car（直接宾语）.

玛丽把她的车借给我了。

② Mother（主语） made（谓语） me（间接宾语） a cake （直接宾语）on my birthday.

妈妈在我生日那天给我做了一个蛋糕。

③ The teacher（主语） asked（谓语） me（间接宾语） a question（直接宾语）.

老师问了我一个问题。

（4）主谓宾补结构

① Everyone（主语） elected（谓语） him（宾语） president（补语）.

大家选举他为总统。

② People（主语） found（谓语） George（宾语） intelligent（补语）.

大家发现乔治很聪明。

（5）主系表结构

① The man（主语） is（系动词） a teacher（表语）.

这个男人是老师。

② They（主语） are（系动词） singers（表语）.

他们是歌手。

3. 句子次要成分的排列顺序

关于句子次要成分的排列顺序我们也来举例说明。

（1）定语的排列顺序

① It is a ball pen.

这是一支圆珠笔。

② John needs a blue pen.
约翰需要一支蓝色的钢笔。
③ The two boys are students.
这两个男孩是学生。
④ His name is Jim.
他叫吉姆。
⑤ There is nothing to worry about.
没什么好担心的。
（2）同位语的排列顺序
① Mr. Smith is very kind to us students.
史密斯先生对我们学生很好。
② They both are nice.
他们两个都很好。
③ You may leave it to us three.
你可以将这事交给我们三人去做。
（3）状语的排列顺序
① He speaks English fluently.
他讲英语很流利。
② I come specially to see you.
我是专程来看你的。
③ Heated, objects expand; cooled, objects shrink.
热胀冷缩。

第二节　英语语法教学的实践应用

一、英语语法教学的重要性

如果把词汇比作人体结构中的血肉，那么语法就是人体结构中的骨架。只有奠定了词汇和语法基础，人体才能全面发展。语法是语言教学的三大要素之一，在语音和词汇学习的基础上，需要语法来构成音、形、义的有机结合，运用语法可以连词成句、组句成章，打下语法、词汇、语音的良好基础，才能有更好的输出。语法对说和写方面尤其重要，在和外国友人交流中，要避免中式英语，不让其感到云里雾里；在写作中，语法结构更有举足轻重的作用，好的作文的语法结构要准确，且不能有语法错误。

语法的重要性不言而喻，语法教学不仅仅是对语法形式与意义的简单讲解，更重要的是要将其运用到实际生活情境中，从而真正达到与人交流的目的。语言的真正目的在于交际，现实中学生在使用英语进行交流时，往往会出现语法错误甚至不能正确组织句子进行输出，而错误的语法输出会挫伤学生的学习积极性，导致学生学习兴趣降低，进而影响学生学习成绩。因此，如何改善学生的学习态度及提高学生学习语法的兴趣是值得我们深入研究的。

英语语法教学可以帮助学生实现有效沟通。语法是语言的规则和结构，它使我们能够用正确的方式组织单词、短语和句子。学习语法有助于我们准确地表达自己的意思，避免产生歧义或误解。掌握英语语法使我们能够与他人进行有效的交流，无论是书面表达还是口头表达。

英语语法教学有助于提高学生的写作能力。了解句子结构、时态和语态等语法规则使学生能够以连贯、准确的方式组织自己的思想并用合适的词汇表达出来。

英语语法教学可以帮助学生提高阅读理解能力，语法对于理解文本也是至关重要的。语法知识可以帮助学习者更好地理解句子的结构和语义，正确解读作者的意图。通过学习语法，我们能够快速识别和理解单词、短语和句子之间的关系，从而更好地理解所阅读的内容。

英语语法教学可以帮助学生提高口语交际能力。了解和正确运用语法规则，能够帮助我们组织清晰的句子结构，使用适当的时态、语态和句式，从而提高口语交际的流畅性和准确性。

英语语法教学可以帮助学生增强语言学习的自信心。了解语法规则并能够正确地构造语句和理解句子结构，使学生在使用英语时更加自信。

总之，英语语法教学对于学生的语言发展和交流能力的提高至关重要。它为有效的沟通、良好的写作技能、阅读理解和口语交际能力奠定了基础，同时也提高了学生的语言学习自信心。因此，英语语法教学应成为英语学习的重要组成部分。

二、常见英语语法教学法

（一）微课辅助语法教学

1. 定义

山西师范大学教授宋黎明等在英语语法课程改革探索的研究中肯定了呈现短

小精悍、充满趣味性的微课视频在语法教学中的合理性，并对这种模式给出了定义：微课辅助语法教学是一种将文本资源、教师资源、学生资源、课外资源进行综合运用，并通过教师的引导让学生接触更多的语法材料，拓展学生的语法学习资源，提升学生搜集和处理语法信息能力的教学模式[①]。

微课辅助语法教学是在教学大纲的引导下，以课程重难点为中心，用微课视频来推进课堂环节，引发有效的师生互动的一种新的教学方式，它是将新信息技术的发展与常规教学模式有机结合形成的一种新的教学方式。

2. 微课辅助语法教学的实施过程

微课辅助语法教学的核心思想是注重学生的主体地位，微课在语法教学中的使用不限于某一特定的课堂环节，而是设计在课前、课中、课后三个环节中，通过课前辅助预习、课中辅助练习、课后辅助复习的方式培养学生的自主学习能力。区别于常规语法教学把大量课堂时间用于直接讲解的做法，微课在课前的使用相当于给学生搭建了一个连接新旧知识的桥梁，在课中的使用可以引起学生的学习兴趣、加深巩固新知识，课后能帮助复习记忆，并且不同课型使用的微课视频需配合不同的其他教学资源，以保证不同课型达到最佳学习效果。

（1）课前

教师要在选题、学情分析、微视频录制或选取、课前练习设置方面做好工作。

第一，选题方面。选题要符合教学和考试重难点以及充分考虑学生薄弱处；兼顾教师的教学风格的同时注重学生的认知规律；既要考虑每堂课所包含的零散语法知识，也要考虑一个教学时期各个语法微课的关联性，使其具有系统性。

第二，设计方面。微课设计的一般步骤如下：教学设计素材的准备、教学媒介选择、教学设计方案拟定、教学思路的确定、微课视频的录制或选定。

第三，视频制作方面。制作微课时教师需要把握视频的呈现方式，避免视频内容过于单一或出现纯文字、纯图片的情况，也要杜绝过度花哨的视频设计，以免淡化主题。

第四，微课使用方面。教师应做到知道在何时，针对什么问题使用微课辅助教学，而不应滥用视频，同时微课教学侧重于使用这种手段增强课堂、课外的教学互动。因此微课不应只是简单讲解知识点的视频，而应加入一定的任务、活动或启发性的问题，使学生在教学互动中深刻地把握知识。

教师做到如上几点，便可将微视频在课前发送给学生，作为新知识的先导性

① 宋黎明，董新良．高中英语语法教学改革探索［J］．教育理论与实践，2015，35（23）：58-60.

的预习内容。学生需要做的是自觉完成课前预习，并积极让新旧知识产生关联，为新知识的学习搭建桥梁。

（2）课中

课中可根据教学重难点将微课视频放在课堂的任何一个环节，其目的一是引发学生的学习兴趣，加深他们对新知识的印象，二是调动课堂气氛，推进课堂交流活动的进行。教师在此环节需做到适时用微课辅助语法教学，不能滥用视频而造成学生的感官疲劳，同时还应注意监控围绕微课进行的课堂活动，以确保课堂各环节的顺利推进。学生则应做到根据微课内容积极思考，并根据自我对课前预习视频和课堂微课视频的疑难点与同学或老师展开讨论。

根据教学重难点将微课视频放在适当的环节可以增加学生的兴趣和参与度，并且加深对新知识的理解和记忆。同时，教师需要注意适当使用微课，不要过度依赖视频，避免学生产生感官疲劳。监控课堂也很重要，可以确保课堂各环节的有序推进。学生在观看微课视频时应积极思考，并根据视频中的内容和疑难点与同学或老师进行讨论。这可以帮助学生更好地消化和理解所学知识，同时也促进了课堂交流和合作，提高了学习效果。

总之，微课辅助语法教学是一个有效的教学方式，教师和学生都需要相互配合，以达到更好的教学效果。

（3）课后

课程结束后，教师应根据学生在课堂上提供的反馈和发现的问题，有针对性地上传微课视频，帮助学生解决疑难点。同时，在微课视频中还应设置一定的任务或活动，以确保微课视频的互动性，这样不但可以使其与其他的教学视频有所区别，还可以对学生的任务完成达到监控作用。学生则需在课后完成微课任务，进行自我反思，并根据自身问题选择适当的微课进行反复观看，以达到深化巩固知识的作用。

通过这样的学习方式，学生可以主动参与课后学习，提高学习效果。同时，教师微课视频的上传和监控也可以及时发现学生的问题，从而进行针对性的辅导和指导。

总之，微课视频在课后学习中发挥着重要的作用，教师和学生共同配合，可以达到更好的学习效果。

（二）“三段式”语法教学模式

1.“三段式”语法教学模式的框架

基于三维语法观的“三段式”语法教学模式，通过感知领悟、分析发现、应用迁移三阶段层层递进，以达到学习者对于目标语法“形式”“意义”“使用”的综合运用与迁移创新。

基于三维语法观的“三段式”语法教学模式在第一、第二阶段（感知领悟和分析发现）进行了大量的目标语法的语料输入，引导学习者洞察、分析语言结构与意义。该模式不仅关注了学习者对语法“形式”和“意义”的感知，还通过创设语境导入语法，有意培养学习者短时间内对学习到的语法知识的记忆，推动其理解语法的“意义”，并且通过阅读语篇等强化感知，引导学习者对语言规则进行演绎与归纳，加深其对于目标语法的“意义”的主观感受，以此来提升学习者的语法意识。

该模式遵循层层递进的方式，将目标语法融到听、说、读、看、写等多种技能训练活动中，以培养学习者的语法能力；在关注学习者的语法知识测评成绩的同时，也注重培养学习者恰当、得体地运用语法知识进行书面表达及口语交流的能力；通过应用实践和迁移创新，促使学习者整合内化语法知识并进行交际输出，以提高学习者的语用能力和语言交际能力。

2.“三段式”语法教学模式的操作程序

（1）第一阶段“感知领悟”：理解“意义”，关注“形式”

①分享目标，主动学习。教学目标也称学习目标，是课堂教学的出发点和归宿，对教学环节的设计以及课堂教学的实际效果产生直接影响。结合教材和学情，教师设定教学目标并与学生分享，促使学生主动学习，培养学生的自主思考能力和语法意识，以及自我监控的能力。

②创设语境，导入语法。这是为了理解“意义”，关注“形式”。导入语法时可以从学生目前已经掌握的语法知识出发，从易到难、从旧到新，在巩固以前所掌握的知识的基础上进行新的学习方法的训练，同时培养新的学习习惯，进而在后面新的语法知识的学习过程中达到学习效果的最大化。此环节要求教师在教学活动的设计过程中以学习的语法知识为主，根据相应的语境、语篇创设合适的内容，让其与语法形式和功能相结合。

在设计课程时，教师应注意以下几点：一是真实自然，创设的语境应跟学生的实际生活息息相关，有利于加强学生的理解和感悟；二是目标语法特征要突出，注意语法规则和交际原则的结合；三是坚持以学生为课堂中心，增加学生的参与感，调动学生在语法学习方面的积极性，从而增强学生学习英语语法的兴趣。

③阅读语篇，强化感知。在实际英语考试中，对语法知识点的考查已经从单

项选择题变成了语法填空及短文改错。由此变化可以看出，语法的考查不再是单一的句子，而是在向语篇化发展。在与此对应的一线语法教学当中，教师也需要摒弃单纯进行句子层面教学的方法，应该选取合适的语篇让学生在语篇中深切感受语法的具体应用，加深学生的记忆和感知能力。

（2）第二阶段“分析发现”：发现“形式”，加深理解

①自主探究，合作发现。学生学习语法的最佳途径是在真实的语境中感受和理解语法，加强在不同环境中对语法的正确使用。英语学习活动观主张学生应在教师的引导下，基于有意义的语言环境自主观察或与同伴合作来探寻目标语法规则。在这一学习环节中，教师应根据目标语法的难度，让学生处于真实的语篇信息中，鼓励其自发地对语法规则进行探索，或与同伴共同发现语法的正确用法。如有需要，再由教师对语法规则做详细解释和补充。

②归纳总结，提升意识。学生在教师的引导、同伴的协助下，观察和分析出语篇材料的特点之后，应乘胜追击，归纳总结出目标语法现象的规律和用法。在语言教与学的过程当中存在显性和隐性两种特征。在该模式下，教师应该采取显、隐性结合的方式，不仅遵从语言的规则，帮助学生掌握语法的静态规律，而且辅以显性语法教学模式以帮助学生学会运用，并在此过程中培养学生的语法思维。分析归纳语法规则有利于培养学生的语法意识，帮助学生内化其对语法“形式”的认识、加深学生对语法“意义”的理解并为之后对语法的“使用”打下基础。

（3）第三阶段“应用迁移”：“形、意、用”的综合运用与迁移创新

①巩固操练，应用实践。学生在学会“使用”目标语法之前高频率地巩固操练，可以提升学生在遣词造句方面的语法能力，因此这一环节是必不可少的。也就是说，学生在大量的语法练习之后，想要正确表达和使用语法，需要通过教师引导进行反复练习。

②迁移创新，交际输出。交际能力倡导的是语言的社会性、得体性，而在交际能力中，最重要的组成部分就是语法能力。语法能力不应当只局限于语句、词汇的浅层，它还应包括语法在语篇中的正确使用。学生应当把语言的运用当作语法学习的最终目标。英语语法教学应该将语法融入听、说、读、写等多种技能训练活动中，以培养学生的语法能力。本环节整合了语法的三个维度，即“形式”“意义”和“使用”，让学生能够正确地、恰当地在实际情况中使用语法知识，参与到语法输出活动中。

在这一阶段，教师应尽可能为学生留足时间，让学生能够自主思考，在小组或同伴间进行试错、相互帮助，共同实现这一活动目标。

总而言之，基于三维语法观的“三段式”语法教学模式以建构主义理论和输入输出理论为基础设计教学活动，从而实现三维语法理论的具体化、可视化。在该模式的运用过程中，教师围绕某个有意义的主题语境，以包含语法要点的语篇为引领，指导学生在语境中理解目标语法的“意义”，同时关注目标语法的“形式”。在进行语法导入时，要基于旧知识来建构新知识，呈现略高于学生现有水平又能够努力突破学会的内容，并且在整个学习过程中，将学生作为课堂中心。“三段式”语法教学模式要求教师在进行教学设计时，强调知识再加工，结合实际社会情境引导学生主动学习、建构新知识。

（三）情境教学法

1. 定义

教师为实现特定教学目标，根据所授班级学生的年龄阶段及心智特征，紧密结合教学内容和教学实际情况，从教学需求入手，设计贴近学生生活的情境，以激发学生的情感体验，变抽象式的语言规则为可视化的语言运用，进而帮助学生理解课文，并提供给学生更多的时间与机会去使用、接触和感受英语，培养他们的英语思维能力的一种教学方法。

2. 情境教学法的应用形式

（1）多媒体情境

教师在教学时可以结合教学内容充分发挥多媒体的积极作用，为学生选择恰当且有吸引力的图片与视频，创设生动的教学情境。例如，教师在课前可以制作一个简单的课件，里面放一些有趣的图片。这样既可以引起学生注意，还能打造生动的教学情境，活跃课堂气氛。

在教学的导入环节，教师还可以通过观看电影片段或演讲等方式，帮助学生更好地理解和掌握英语语法点，同时也可以提高他们的学习兴趣和积极性。

（2）问题情境

教师应在课堂上精心设计问题并恰当地提出问题，教师可以引导学生积极参与课堂活动，激发他们的好奇心和求知欲，从而打造高效课堂并实现教学目标。在提出问题时，教师需要注意提问方式的多样性，给予学生足够的思考时间，积极评价学生的回答以及培养学生的问题意识。

此外，教师可以就地取材，选择贴近课堂实际的例子带领学生巩固语法点。例如，学完定语从句后可以让学生思考并造句：那个戴眼镜穿白色衬衫的女孩正在睡觉。（The girl who wears glasses and a white shirt is sleeping now.）

（3）角色扮演和情景模拟

角色扮演和情景模拟可以让学生更好地理解文本中的对话和情境，同时也可以提高他们的口语表达能力。

在角色扮演和情景模拟之前，教师可以为学生准备一些必要的道具和场景，以帮助学生更好地进入角色和情景。例如，如果对话中提到了做饭，教师可以为学生准备一些厨具和食材；如果对话中提到了看病，教师可以为学生准备一些医疗用具和药物等。

在角色扮演和情景模拟中，情感表达是非常重要的。教师需要引导学生注重情感表达，通过表情、语气、动作等方式来传达对话中的情感，例如，学生可以通过微笑、鞠躬等动作来表达感激之情，也可以通过大声说话、挥舞手臂等动作来表达愤怒之情。

在角色扮演和情景模拟之后，教师需要给予学生反馈和评估，以帮助他们更好地掌握对话中的内容。教师可以针对学生的表演情况、语音语调、情感表达等方面来给予学生反馈和评估，同时也可以鼓励学生之间互相交流和学习。

另外，教师还可以把课堂交还给学生，让他们真正成为课堂的主人，充分发挥其主观能动性，让学生自己创造场景。

（四）形式聚焦教学法

1. 定义

形式聚焦教学这个术语最初是由朗（Long）提出的，它是继意义聚焦教学与全形式教学之后提出的一种将形式与意义结合起来的英语语法教学方式。

形式聚焦教学最初被朗定义为在英语语法教学中，由于出现了一些不易明白或表达的语言形式而被教育者采取的某种方法。此时，学习者的关注点就从意义活动或者交际活动转为所要学习的英语语法形式。这一概念包含两个条件：第一，学习者对英语语法形式的关注不是一个孤立的过程，而是在以意义或交际为中心的活动中发生的。第二，虽然学习者会对英语语法形式产生关注，但这一过程不是主要的，而是附带发生于交际过程中的。之后，为了方便运用，朗对这一概念重新进行了界定，即在形式聚焦课堂中，注意力在无意中被转移到英语语法形式上。转移注意力的人可以是教师，也可以是学生。

朗在 1991 年阐述了形式聚焦与全形式聚焦的差别：形式聚焦教学是公开地将学生的注意力吸引到英语语法元素上，因为它们偶然出现在课堂上，而课堂的主要关注点是意义或交流。相比之下，全形式教学涉及传统的语言教学，包括结构化教学大纲中项目的展示和实践。朗对于全形式教学、意义聚焦教学、形式聚焦教学的特点进行了对比，如表 5-1 所示。

表 5-1　朗对于三种语言教学方法观点的总结

全形式教学	意义聚焦教学	形式聚焦教学
不需要分析	通常不需要分析	需要分析，学习者对目标任务的需求分析为任务型教学大纲的制订提供了基础
没有现实的英语语法模型	年龄较大的学习者无法完全“自然地”掌握英语语法，因此意义聚焦无法成功地使此类学习者达到较高的二语熟练度	教学过程需要吸引学习者的注意力，否则学习者可能不会注意到语法形式
忽略了学习新语法是一个缓慢而渐进的过程的事实	即使长时间接触英语语法也不能确保学习者获得突出的语言功能	允许学习者在学习语法特征时缓慢且渐进的过程
未能认识到语法形式的可教性受到其学习能力的限制	学习者需要否定的证据，因为肯定的证据不足以保证获得某些语法特征	尊重学习者的内部大纲
会导致课堂无聊	意义聚焦效率低，因为它只会导致进度缓慢	课程受学习者控制，因为它仅是针对学习者的沟通问题而发生的
导致初学者比有经验的学习者犯更多的错误	可能会增加学习者使用语法的信心和流利程度，但使用目标语法系统的准确性有限	协助形式功能映射的发展，从而提高流畅性和准确性

综上所述，结合各位学者对形式聚焦教学的定义，以及与其他教学法的对比，可以认为形式聚焦教学是一种将意义与形式结合，以意义为主、形式为辅的英语语法教学过程或教学方法。这一过程或方法中的活动，都是以意义或交际为主的课堂活动，它融合传统方法的优点、摒弃不足，更适合于英语语法教学。

2. 形式聚焦教学分类

（1）按形式聚焦的方式分类

形式聚焦教学法按形式聚焦的方式进行分类，可分为有准备的形式聚焦教学和随机的形式聚焦教学。

有准备的形式聚焦教学是指，教师在课前设计交际任务时预先确定形式焦点，能在以意义为中心的课堂中引导学生对英语语法形式进行运用，需要教师能根据学生学习的内容提前设定形式聚焦片段。

随机的形式聚焦包括先导型和反应型。先导型形式聚焦指的是，当教学过程中需要用到某种英语语法形式时，教师或学生把这种形式作为交际活动中对话的主题，此时学生并没有出现错误和理解上的问题。按引发形式聚焦的不同主体，又可以将先导型形式聚焦分为学生与教师两种主体引发的不同类型。教师引发的先导型形式聚焦，可以是教师对学生直接提问或给出建议。但此种方法下，教师做到准确估计学生的语法形式是很困难的。反应型形式聚焦则指在学生出现语法形式上的错误或理解上的困难时，教师临时将某种特定语法形式加入交际活动中，以帮助学生纠正错误，解决困难。按照内容进行划分，可以把反应型形式聚焦分为会话式与说教式。会话式的形式聚焦是指教师通过意义协商处理学生的语法形式错误。在此过程中，教师可以选择纠正也可以选择不纠正学生的错误。说教式的形式聚焦中，教师可以理解学生的意思，但仍然关注并纠正该错误语法形式。按照方式进行划分，可以把反应型形式聚焦分为内隐的与外显的。内隐的形式聚焦最常通过重塑的方式进行，即教师保留学生本意，并对含有错误的语法进行全部订正或部分订正。外显的形式聚焦可以通过多种方式实现，教师可以用元语法分析法提示学生纠正自己的错误，或给学生提供正确的语法形式并提供练习的机会。

（2）按形式聚焦的时机分类

随着研究的深入，“如何”进行形式聚焦的研究相对比较成熟，而“何时”进行形式聚焦也逐渐被学者关注起来。按形式聚焦的时机划分，形式聚焦教学法分为融合型形式聚焦和分离型形式聚焦。融合型形式聚焦是指英语语法的教学是与意义或交际活动的开展同时进行的，学生在活动中学习语法；分离型形式聚焦则是指将英语语法的教学和意义或交际活动分开进行，英语语法的教学设置在活动开展前或活动结束后。简单来说，区分这两种形式聚焦的标准就是语法的教学是否在交际活动或以意义为主的活动中进行。

在融合型形式聚焦教学中，教师通过反馈或简要解释的方式，将学生的注意力吸引到交际或意义活动中的语法形式上。在活动中，学生可能会根据主题来提示使用特定的语法形式，或者通过纠正性的反馈给予帮助。通过提示和反馈，教师帮助学生看到语法形式和语法功能之间的关系，并尽可能少地打断有意义的互动。

在分离型形式聚焦教学中，语法形式可以在教师为交际活动做准备时，或者当学生在进行某一特定语法形式的活动遇到困难之后讲授。在分离型形式聚焦教学中，形式与意义的教学虽然是分开的，但其形式与意义之间是紧密相关的，因此不同于全形式教学。

（五）任务型教学法

1. 任务型教学法的特点

（1）真实的课堂情境

任务型教学强调真实情境的课堂活动。学生带着极大的兴趣和热情参与课堂活动，在完成任务的过程中掌握真实、实用和有意义的语言。例如，教师可以在课堂上布置申请参加奥运会志愿者活动的任务，练习的重点是有理有据地说明自己能够成为志愿者的优势和长处，让学生在充分考虑现实情况的过程中学习语言。

（2）学生是教学的主体

在任务型教学法语法课堂中，学生不需要被动地接受知识，而是积极主动地进行探索，成为课堂的主体。教学活动的开展以学生为中心，而教师在教学过程中发挥参与、组织、引导、促进的指导者作用。

（3）注重学习综合能力的培养

任务型教学倡导交流体验、合作探究的学习方式，注重培养学生综合运用语言的能力。在任务型教学过程中，学生在参与教师精心设计的任务活动中运用语言、发现规律、归纳知识和感受成功。

2. 任务型教学法的设计原则

任务型教学倡导学生在自主完成任务的同时理解和掌握语言。因此，在任务型语法课堂中，教师要充分考虑学生现有知识水平、语法能力、兴趣爱好等多种因素，并以此为基础精心设计课堂活动，实现教学目标的最大化。有研究者分析前人的经验，总结出了以下四条原则：

（1）做中学原则

在任务型课堂中，学生习得语言主要依靠自身的理解，而不仅仅是依赖教师的讲解。教师在设计任务时，要关注实践性课堂，给学生创设自主学习语言知识并积极运用语言知识完成任务的环境。例如，在母亲节来临之际，教师可以在课堂上布置一个给母亲写信表达感谢的任务，这是真实生活中一定会发生的情境，学生在完成任务的过程中自然会掌握相应的语言表达。

（2）真实性原则

任务型教学中的学习材料要贴近学生生活，情境的创设也应尽量真实，这样才能使语言的习得效果最大化。换言之，这一原则应主要包括两个方面：一是选择更贴近现实生活的语言材料；二是创设真实有意义或接近真实的情境。例如，教师设置交际任务——学生打算在假期做一份兼职，然后请学生交流自己想参与的兼职工作，以及职业内容和要求。这种任务越接近真实生活，学生会越感兴趣，进而更好地提高语言交际能力。

（3）层次性原则

无论从学习者语言水平出发，还是从语言技能角度考虑，想实现学生语言能力的不断发展就必须使任务层层深入，实现任务由简入繁、从易到难的设置。任务应是从初级到中级再到高级环环相扣的严密过程。例如，教师在课堂上展示一张钱学森的图片，请学生根据图片介绍这位科学家。这项任务的结果可以是简单的也可以是复杂的，学生可以用简单句从姓名、出生日期等基本信息开始介绍。介绍主要贡献时，需要用到复杂句式，这时任务的难度提升了，任务从易入难，提升了学生的逻辑思维能力，增强了他们的语言技能。

（4）脚手架原则

掌握一门语言绝不是一蹴而就的，需要一步一步地来，教师应该给予学生更多的支持与鼓励，它可以给初级阶段的学生带来安全感。换言之，在语言教学的时候，教师需要给学生提供“脚手架”，这个“脚手架”既可以帮助学生完成任务，也可以帮助学生心理成长。例如，教师在课堂上设计几个简单易答的问题，鼓励学生各抒己见，树立学生的自信心。

第六章　英语语义学理论与应用

语义学，顾名思义是一门研究语言意义的学科。语义学研究自十九世纪至今已有一百多年的发展历程，人们对语义学的研究在随着应用与实践教学不断深入。

第一节　英语语义学的基本理论

一、英语语义学概述

（一）语义

1. 语义的定义

所谓语义，即语言的含义和意义，是符号学分支的重要组成部分。现实中，普遍存在几种关于语义的错误认识。

第一种，单词的含义等同于字典中的含义。显然，这种观点是不正确的，因为词典是根据词汇的实际需要编写的，因此词典中单词的含义由人类的使用需求决定。

第二种，语言形式等同于一个词，语义表示是该词的指示意义。这种观点不可能是完全错误的，但它是相当片面的。尽管有些单词可以表示某种类型的实体，但其他单词则不能。此外，语义并不是静态的，随着时间的推移，一些单词所指的对象也会相应地发生变化。

第三种，单词的含义相当于大脑形成的图像。例如，世界上没有实体的事物，如“仙女”“龙”等，但人们可以从脑海中想象出它们的具体外观，然而这并不意味着单词的含义来自人类大脑中的图像，因为有些单词表意很抽象，很难通过大脑想象为图像，如“忘记”等。

2. 语义演变的类型

（1）语义转褒与语义转贬

在整个历史中，单词所赋予的语义可以朝着积极或消极意义的方向转变。例如，汉语中的“乖”原指背戾、不和谐，苏轼《送郑户曹》诗：“楼成君已去，人事固多乖。”现多用于指听话、机灵、乖巧，如“这孩子真乖”。又如英语中的 craftsman 原指骗子，现指工匠、能工巧匠；nice 原先的语义是“愚昧的”，现在的语义是“美好的”；英语里 silly 原先的语义是“祝福、受上帝保佑的”，但是现在它的含义不是褒义的，而是具有贬义色彩的“愚蠢的”。

（2）语义扩大与缩小

语义扩大是指单词在演变中除了保留原来的语义还增加了新的语义，或者所表示的概念外延比原来的词义所表达的要大，如汉语的“雌雄”指鸟的雌性和雄性，现在“雌雄”用来区分生物的阴阳性，包括花、鸟、虫、鱼、兽等。汉语里的“哭”原先的词义是指“悲痛出声”“大声曰哭，细声有涕曰泣，大声而无泪则曰嚎”，现在“哭”的语义包括了原先的“哭、泣、嚎”。

词义缩小是指词所表达的概念外延比原先的词义缩小了。例如，汉语的“瓦”原先是指土器已烧之总名，现在的“瓦”只是指房屋顶上的瓦片。“丈人”原是“老人之通称”，如《论语·微子》说：“子路从而后，遇丈人，以杖荷蓧。”现在只是指“岳父”。英语中的 hound 原先指任何狗，而现在的英语里该词只是指用来追捕猎物的狗，如小猎犬。

（3）语义分枝

这种语义演变是指在词的语义演变中获取新的语义，新的语义与原来的语义有某种联系，如汉语的“北”，《说文解字》释为“北，乖也，从二人相背。”徐灏注笺：“北，背古今字。”所以“北”从原先的“相背”的语义，演变分裂为“人体背部”“北方”“败逃”等义。英语中 pitch 这个词除了我们通常说的“运动场地”“音高”等语义外，还有“程度深”的语义，如 pitch black 是深黑色的意思。从语源来看，pitch 原先是指一种深黑色的物质，如沥青，用深黑色的物质来表示“程度深”，再从“程度深”来表示程度副词“很”。所以在 pitch black（很黑）短语里，pitch 语义变成了 very（非常），有些人还会说 pitch blue（很蓝）、pitch yellow（很黄）等短语。可以看出，pitch 的语义发生了分枝演变：从深黑色物质到“程度深”，再演变为副词“很”。这种语义演变是可以看出新旧语义的内在联系的。

（4）语义转移

一个词的语义转移是指放弃原来的意义，演变成一个全新的意义，新的意义与原来的意义没有关系。例如，我们上面所举的英语词 silly，原先的语义是“祝福、受上帝保佑的”，现在的语义是“愚蠢的”。原先的语义与现在的语义完全不同，两者之间已经看不出任何联系。

语义演变的过程不是一蹴而就的，是一步一步变化的。英语里 silly 与德语的 selig 同源，德语的 selig 源于 seele（灵魂、心灵），德语的 selig 一词有“无忧无虑、充满喜悦”的意思，跟 seele 的语义密切相关。如果语义演变的中间某一环缺失了，语义演变的联系就会中断，看不出演变的过程，给人以跳跃感。

语义演变的分类并非泾渭分明、截然不同，很有可能一种语义的演变分属于上述分类的两类或者多类，英语 silly 就属于这种情况，既可以分在语义转贬类里，也可分在语义转移类里。

（二）语义学

1. 语义学的定义

语义学是研究语言中词义和句义的学科，即探讨词汇和句子意义的学科。它研究语言中词语、短语和句子的意义，及其在特定上下文中的解释和理解方式。语义学关注的问题包括词义的构建和解释、词汇关系（如同义词、反义词等）、句子的真值条件（在哪种情况下句子为真）、逻辑关系（如含蓄和否定等）以及语义的推理和歧义等。语义学的目标是揭示语言的意义结构，研究语言与思维的关系，以及语言表达的规则和原则。语义学的研究可以更好地理解和解释语言的含义，提高语言的沟通效果。

2. 语义学的分类

（1）形式语义学

形式语义学是一门运用数理逻辑研究语言语义的学科。它认为语言是一种逻辑组合，人们可以根据一个或几个命题的真性条件，从逻辑上归纳或推导出其他命题的真与假。在形式语义学中，语言是一个符号，而人脑是一台机器，可以像计算机一样对这些符号进行操作。这些符号只有通过与外部事物的联系才能获得意义。

早期对形式语义学的研究将语言认定为一个静态系统，然而随着研究越来越深入，人们逐渐意识到，语言中存在的指称结构不能通过静态系统来解释，必须引用动态的概念。在这一系列突破性研究出现后，形式语义学逐渐转向动态语义学。

（2）结构语义学

结构语义学认为，语言是一个有组织的结构系统，在这个系统中，语言成分相互作用，每个个体的意义取决于它与系统中其他个体的关系。因此，结构语义学研究词与词之间的语义关系，如上义词、反义词和相对关系。

结构语义学的理论基础源于结构主义创始人索绪尔的语言理论。索绪尔认为，语言是表达思想的符号系统，语言符号是声音和意义的统一体。当人们分析语言的意义时，他们无法将其与声音完全分开。此外，索绪尔还指出，在某种语言系统中，单词的意义是不可预先确定的。

（3）历史语义学

如前所述，结构语义学的理论基础来自索绪尔的理论，但历史语义学也与索绪尔有着密不可分的关系。众所周知，索绪尔对语言学做出了巨大的贡献，其中之一就是他将共时语言学与历时语言学区分开来。历史语义学研究词汇语义的历时性变化，可以说索绪尔的理论也是历史语义学的理论基础。

历史语义学具有以下三大特点：第一，其历史倾向是既成事实。研究语言的意义不能仅仅是为了研究意义本身。如果不深入了解语义变化的具体情况，就不可能深入了解语义。第二，在历史语义学中，词义被视为一个心理实体，而意义的变化则被视为心理过程的结果。语言和词汇的存在离不开人类的认知能力，而认知是概念和世界事物之间的桥梁。因此，词义的历史变化与人类思维方式的变化密切相关。第三，历史语义学在方法论上属于一门解释性学科。

（4）认知语义学

认知语义学出现于二十世纪七十年代，从认知的角度研究单词、句子和话语的意义，其主要研究对象包括原型范畴、概念隐喻、心理空间和注意力窗口等。此外，认知语义学否认语义结构是一组语义标记，认为语义是心理活动的产物，受情绪、意图和行为的影响。

认知语义学为一些传统语义学无法解释的语义现象（如多义现象）提供了很好的理论基础。传统语义学认为一词多义现象中的词义是相互独立的，而认知语义学则认为一词多义现象中存在一定的关系，这是隐喻反射。从物理空间到社会空间，再到心理空间，最后到概念，隐喻反射普遍存在于多义现象中。

二、英语语义学的相关理论

（一）语义场理论

1. 语义场理论的定义

“场”最初是物理学科中的概念，逐步被引入现代语言学领域，其目的是解释不同词汇之间的相互关系。语义场本质在于对词汇特定层面和普遍层面的关系进行研究。共同概念可以在词汇体系中构成语义场。例如，在 fruit 概念中，apple、banana、watermelon、orange 等词可组成语义场。其中 fruit 表示 genus（属），apple、banana 等词汇表示 species（种）。可以看出，语义场是一组相互联系、相互依赖的词汇集。

广东外语外贸大学英语系教授伍谦光概括了德国语言学家特雷尔（Trier）的语义场理论：

第一，词汇之间存在语义联系，从而形成一个整体的词汇体系。该体系不稳定且经常变动：一方面，新旧词汇更替；另一方面，词汇之间的语义关系不断调整，某个词汇的词义扩大，其相邻词汇的词义随之缩小。

第二，由于词汇的语义关系相关联，就不能孤立地考察个别词汇的语义变化，而应从总体上进行考察。

第三，词汇的语义有一定的联系，因此，只有对词与其他词的语义关系进行分析和对比，才能判断出词汇的真正含义。词汇只能在其自身的语义场内发挥作用。

2. 聚合语义场理论

特雷尔的语义场可以处理同义词、反义词、上下义词和其他词的聚合。在这里，我们将介绍同义义场的概念和同义词的分类，即绝对同义词和相对同义词；介绍反义义场的概念，包括三种不同类型的反义义场，即可分级义场、互补义场和关系义场；介绍上下义义场的概念并提供相关实例。

（1）同义义场

同义义场是指由两个或多个词义具有相同或类似关系的词汇所组成的语义场。这种词汇一般可以分成两个类别：

①绝对同义词。这是指在所有上下文中具有相同的含义，且能相互替换的词汇。绝对同义词大部分为科学用语，数量不多，如 mother tongue 和 native tongue（母语）。

②相对同义词。这是指同义词可能有相同意思，但不一定有相同意义。同义词通常依赖于上下文。从某种意义上说，没有绝对的同义词，因为在任何情况下，同义词都不能被其他同义词取代，它们是不同的。同义词根据其差异可分为以下几种类型。

首先，同义词在文体，即正式程度上存在差异。例如，old man、daddy、dad、father 等词都具有同样含义，但它们不能在所有情况下相互替代。old man 是亲密型，daddy 是随意型，dad 是协商型，father 是正式型，它们的正确使用取决于上下文。

其次，同义词具有不同的情感特征。有些词可能有相同的含义，但用来表达不同的情绪、态度或感受。举例如下，

He is famous.

He is notorious.

famous 和 notorious 是 well-known（出名的）的同义词，在情感态度上却完全不同。famous 是指因为做好事而被很多人所熟知，而 notorious 则是因恶行而人尽皆知。这些词汇可以用来表达自己的观点。

再次，方言同义词。有些词有相同意思，但属于两种不同方言。例如，autumn、flat、luggage、torch、lift 在英式英语中使用，而 fall、apartment、baggage、flashlight、elevator 在美式英语中使用。

最后，搭配关系不同。在同义义场中，表示“一群”的词有 herd、pack 等，其搭配的名词各不相同，如 a herd of cows（一群牛）、a pack of cigarettes（一盒香烟）。再如表示“指责”概念的词有 accuse、charge，但其搭配介词不同，如 accuse of sb. 和 charge with sb.。

同义义场可以很容易地区分不同词汇的异同。学生应该学习同义关系，以此作为识别词汇相关特征的策略。为了构建词汇之间的同义关系，教师为新词汇建立同义词组，学生识别同义词组中的异同是极其重要的。这样，学生就可以知道，尽管词汇的含义大致相同，但仍有细微的差异。

（2）反义义场

反义关系是指两个词在特定语境中可以表达相反意思的语义关系，由反义词构成的语义场称为反义义场。存在三种反义义场，即可分级义场、互补义场和关系义场。

①可分级义场。可分级义场是指由语义相对、形成两级的词组成的语义场，其中一个词并不一定意味着否定对方。这是层次问题，两种极端之间常常存在可以插入表达不同程度词汇的中间形态，如 young 和 old 之间可以出现 middle-aged、mature 和 elderly 等词。同时，very 可以用来修饰形容词，有些人可能 very young，也可能 very old，它们之间是一种递增或递减的关系。

②互补义场。互补义场是由相互抵触的词汇组成的语义场，二者关系非此即彼，没有任何中间情况。如 alive 与 dead，male 与 female 等都是互补反义词。

He is alive.= He is not dead.

如果他真的活着，那么他就没死，而不是半死。这是一个是非选择性的问题，而不是多少选择的问题。因此，不能用 very 来修饰互补同义词，也不存在比较级或最高级别。

③关系义场。关系义场是指由语义既相互对立又相互依存的词构成的语义场。如果 A 是 B 的医生，B 就是 A 的患者；如果 A 是 B 的老师，B 就是 A 的学生。father 与 son，salesman 与 customer，north 与 south 等都有类似关系。一方以对方的存在为前提，两者构成一个相对统一体。

此外，在检查反义词时应该记住，一个词在不同上下文中会出现不同的反义词。例如，不同语境中，old 的反义词可以是 young 或 new。语境是理解词汇含义的关键因素。

（3）上下义义场

上下义义场是由表示上下义关系的类概念（genus）词汇和种概念（species）词汇组成的语义场。上下义关系是指一个更具有包容性的词与一些更具体的词之间的一种意义关系。例如，apple 和 banana 是 fruit 的下义词。在语义场中，上、下义是最常用的一种，一个为上义，代表一个整体，是总的概念；两个或多个词为下义，表示具体概念。英语词汇教学过程中，为了使学生的文章或日常会话更加生动，教师应帮助学生掌握同一上义词的下义词。

上下义词在词汇教学中的应用是将已知的词汇与给定的下义词相结合，形成一个上下义义场。基于上下义使用的词汇教学为学生提供了充足的机会来应用已知词汇，并增强他们对新词的理解。因此，在词汇教学中，上下义关系可以作为向学生提供新词汇的桥梁。在词汇教学中，由于这一过程中词汇呈现速度快，教师可以在语义场理论中使用层次结构来解释上下义关系。

3. 组合语义场理论

搭配是指单词的特定组合，或者一些单词经常一起使用的一种方式，即一个单词与另一个单词配对。在语料库语言学中，搭配定义了一组在语料库中出现频率高于人们预期的单词或术语。

搭配包括语法搭配和词汇搭配。语法搭配通常是指在名词、形容词、动词之后接介词、不定式或从句。一些动词能与动名词或不定式结合。例如，like doing something 与 like to do something 的含义稍有差异。词汇搭配包括名词、动词、形容词、副词等。当想表达某人的强烈请求时，可以使用 insist 或 persist，但是在使用过程中，它们后面要接不同的介词，如 insist on 和 persist in。另外，一些名词仅与特定动词一起使用，例如，可以说 take medicine，而不能说 eat medicine。

搭配对词汇教学至关重要。学生的英语水平在很大程度上取决于他们的词汇量和能否正确运用。大多数词汇都有固定的搭配和用法，但在大多数教科书中，只提供中文翻译或简单的英文解释，不解释用法和搭配，这样可能会导致学生误解词汇，认为汉语和英语词汇是一一对应的。认识到搭配的重要性，学习正确的词汇搭配，学生才能学习纯正的英语。同时，词汇匹配也有利于学生记忆词汇。

此外，教师应努力发展和巩固学生的搭配知识，并通过完形填空、单词匹配、多选、排列顺序等各种练习或活动来帮助他们丰富词汇知识。

（二）语义联想理论

1. 语义联想理论的定义

联想是英语词汇学习策略之一，世界著名英语教学专家丽贝卡 · L. 牛津（Rebecca L. Oxford）将联想归于记忆策略，她认为联想是将新的语言信息和已存在于记忆中的概念联系起来。联想包括语音、形态和语义联想。“语义联想”这一概念是由语言学家索绪尔的弟子查尔斯 · 巴利（Charles Bally）提出来的。索绪尔认为，一个给定的词项就像一个星座的中心，周围有不定数量的并列词项向中心汇聚，其弟子巴利继承并发展了索绪尔的理论，把词项的联想范围缩小为纯粹的语义联想。

语义联想是指学习者在接收到语义信息时所产生的超出该信息又与其有一定相关性的连续想象活动。学习者在学习或者复习单词的时候能够根据单词语义间的各种联系，包括同义联系、反义联系、邻近联系、搭配联系等，与以前学过的旧词联系起来，形成语义对或者语义网，从而促进记忆。

基于以上对语义联想的定义，本书将语义联想定义为一种词汇学习策略，学习者在学习或复习词汇时，利用单词之间或单词内部的语义关系，将一个单词和与其含义相关的多个单词或一个单词的一个含义与其他含义相关联。

2. 语义联想理论的分类

通过对语义的理解，我们知道英语中常见的语义关系包括同义关系、反义关系、搭配关系、语义场关系、上下义关系和一词多义关系。因此，本书提出了语义联想策略，具体可分为同义联想、反义联想、上下义联想、搭配联想、语义场联想和一词多义联想。

同义关系以概念为起点，聚焦于一个概念用哪些语言形式来呈现。语义联想的子策略包括以下几种。

第一种，同义联想，是指由某一个词联想到与其词义接近的、已学过的其他词，如学习 huge 时，我们可能会想到含义相近的词 big。

第二种，反义联想，顾名思义，是指学习某一个词时联想到与其具有反义关系的旧词，如学习 irregular 时，联想到其反义词 regular。

第三种，上下义联想，是指由某一个词联想到它的上义词或下义词。值得注意的是，在不同的上下义关系中，一个词是某个词的上义词还是下义词要具体问题具体分析。以 animal 一词为例，我们可以想到 animal 里包含了 cow、horse、rabbit 等，而同时 animal 又和 plant、human 属于 creature 的范畴里，这样 animal 是 cow、horse 等词的上义词，又是 creature 的下义词。

第四种，搭配联想。学习英语词汇不仅涉及单个单词，还涉及词组。说到词组，有必要谈谈搭配。一般来说，最常用的单词通常是名词或动词，因为围绕这两类单词的联想范围更广，可以搭配的单词数量也更多。具体来说，名词联想主要包括两种类型——名词与形容词组合以及名词与动词组合，即学习者在学习一个名词时，需要考虑哪些形容词和动词可以与之搭配使用；作为中心词的动词联想主要考虑动词、名词和副词之间的搭配关系。

在课堂上，教师要注意词块的呈现，帮助学生关注动词词组、介词词组、名词词组、形容词词组和副词词组的习惯搭配和表达。以名词的搭配联想为例，我们需要考虑它可以与哪些动词搭配，构成“动词 + 宾语”结构，或者该名词可以用哪些形容词进行修饰，构成一个名词词组。如名词 opportunity，与动词的搭配有 seize/offer an opportunity（抓住 / 提供机会）等；可以搭配的形容词有 rare opportunity（难得的机会）、unexpected opportunity（意想不到的机会）等。

第五种，语义场联想，是指以某一个词为中心联想到与其相关的所有的旧词，这些词共同构成一个大的语义网络，形成一个“场”。如提到 education，我们会想到 school，由 school 我们又可能想到 primary school、middle school、high school 等，与 school 同级的还有 major，major 里又包括了 law、literature、physics 等，除了 school 和 major 外，我们还会想到与教育相关的人，如 teacher、student、headmaster 等。语义场联想是以一个词为中心向四面八方进行发散，由一个词联想到一个词群，与这个词相关的所有词都可以纳入该词的语义场内，这类似于英语中经常提到的头脑风暴。

上文提到的五种语义联想都是词与词之间的语义关系联想，这些联想有助于学生在词汇学习或复习时由一到多进行发散，从多个角度出发最大限度地激活新旧词之间的关联，有利于学生复习旧词、扩展新词。

第六种，一词多义联想。一词多义是从形式入手，聚焦于一个语言形式所表达的各种意义。在英语中，仅有一个含义的词是很少的，多义词非常普遍。同时，每个多义词的各个义项之间按照一些方式彼此联系，这些义项关联的方式主要有两种，即词义辐射和词义连锁。

词义辐射这一方式需要我们首先确定一个词的中心含义，该词的其他意义都是由这个中心含义衍生出来的。如此一来，这个单词的所有意义就构成了一个有机的整体。但并不是所有多义词的含义都是这样关联的，有的多义词的含义源自词义连锁。词义连锁是指一个词的多个含义中有一个是基础词义，由基础词义衍生出新词义一，再由新词义一衍生出新词义二，新词义二衍生出新词义三，以此类推。

（三）语义通达理论

1. 英语语义通达的代表性观点

（1）语音中介理论

语音中介理论认为，语音在语义交际过程中起着重要的中介作用。人们首先通过词形信息激活语音信息，然后通过语音信息激活词语的语义，激活的顺序是形、音、义。语音中介理论强调语音在语义交际过程中起着重要的中介作用。

语音中介理论的论据主要来自以下两个方面：

首先，语音在语义通达过程中发挥着重要作用。婴儿在九到十二个月大说出第一个指示词后，逐渐学会说话。幼儿期的孩子已经掌握了大量的口语词汇和基本的语言交流技能。他们能够使用相对丰富的口头词汇来表达自己的想法，直到孩子们进入学校，他们才逐渐学习书面语言并学会书面阅读。因此，书面阅读包括将书面符号与有能力使用的口头词汇联系起来的过程，这表明语音意识和发音能力是第一位的，个人在日常生活中积累了大量的语音，可以区分大量不同的发音。因此，语音在语义通达中的作用至关重要。也有研究表明，语音意识在儿童阅读能力的掌握和提高中起着至关重要的作用。从这个角度来看，语音在语义通达过程中的作用是不可或缺的。

其次，对于英语等拼音文本来说，它们的形状和字音之间的联系是简单直观的。这些文字的形状和字音之间有着密切的联系。这些文字的研究表明，语音信息已经包含在正字法中，这意味着形状和字音是不可分割的整体，当你看到形状时，你会自动激活字音。当形式出现时，它激活了声音，然后通达语义。

（2）直通理论

直通理论认为，在语义通达过程中，视觉输入刺激被映射到形态表征上，形态表征的激活直接导致语义激活。换句话说，词汇的语义可以通过其视觉形式直接通达，而语音在语义通达中起着很小的作用。尽管在语言习得的早期阶段，词汇的语义只能通过词汇的语音信息来获得，但随着书面词汇的增加、阅读能力的提高、经验的丰富，词形与词义的联系不断加强，读者可以直接从词形中提取语义。

塔夫托（Taft）在语义分类实验中，控制了范畴成员词读音的规则性和不规则性。该实验的逻辑是，如果语义通达必须通过语音的中介，那么在语义分类任务中，单词的发音应该会受到规则的影响，就像在命名任务中一样，然而实验表明，在语义分类任务中，单词的发音没有规律性的影响。塔夫托认为，在阅读过程中获取通达语义的唯一途径是词型或正字法通路。

（3）双通道理论

双通道理论认为，具有语义通达的语音通道和正字法通道都存在，每个通道都有机会通达语义。也就是说，在从形式向意义过渡的过程中，言语可以被形式激活，语义可以被言语激活，也就是形 – 音 – 义，或者直接从形式向含义过渡，也就是形 – 义，这两个渠道之间存在竞争关系。

这个理论认为阅读和语言理解依赖于两个并行运作的处理通道，分别是直接通道和间接通道。

直接通道是指通过对文本的字形信息进行快速处理来理解语言。在直接通道中，读者将文本中的字母和符号转化为对应的音素，然后再将音素组合成词语和句子，最终达到理解文字的目的。这种处理方式快速高效，适用于熟悉的常见词汇和常用表达。

间接通道是指通过对文本的词汇和语境进行分析来理解语言。在间接通道中，读者根据已知的词汇知识和句子结构，通过推理和判断来理解文本的意义。这种处理方式更加深入和细致，适用于对生词、低频词和复杂句子的理解。

根据双通道理论，阅读和语言理解并不是单一的处理过程，而是由两个独立但相互影响的通道共同完成。这个理论对于解释词义的认知过程、处理阅读理解中的理解难点和提高阅读理解能力等方面有一定的启示作用，为相关研究提供了框架和理论支持。

2. 英语语义通达的研究范式

（1）真假词判断

该方法是让被试阅读一串字符，有的是词，有的是非词，要求被试判断呈现的刺激是否为词，有两个键供被试选择，当该字符串是词时按Y键，不是时按N键。被试按键的延迟时间反映了他对该词的心理加工时间。实验研究发现，被试拒绝同音假词（如brane，与正确的词brain发音相同）的时间长于对照词（如brene）。研究认为在语义通达过程中，语音发挥了作用。

（2）范畴判断

该研究范式因为要求被试要激活语义，因此，比起真假词判断来说，更有价值。该研究范式给被试呈现一个范畴词和一个单词，被试判断该单词是不是属于该范畴。例如，范畴词是flower，所呈现的单词是rows，虽然rows不是花，但是rows和rose的音相同，跟拼写对照词robs相比，如果被试更倾向于将rows判断为属于flower这个范畴，则说明词激活了音，音激活了“玫瑰”这个语义。

实验发现，与拼写对照词相比，被试更容易将错误的同音异形词误判为范畴词，表明语音在语义通达过程中发挥作用，如与robs相比，被试更容易将rows误判为flower的范畴成员词，因此认为语义是由语音通达的。与正确同音异形词为高频词的情况相比，当正确同音异形词为低频词时，错误同音异形词和拼写对照词误判率的差异更大。研究认为语音表征激活了两个同音异形词的语义，接着，被试再激活正确的同音异形词的正字法特征，并与所呈现单词的正字法特征进行拼写确认，当正确的同音异形词为高频词时，拼写确认更准确，有助于被试减少将错误同音异形词误判为范畴成员词的概率。

（3）句子合理性判断

这种范式要求参与者确定所呈现的句子是否合理和可接受。实验研究发现，当正确的同音异形词被错误的同音异形词或类似的拼写对照词取代时，参与者更有可能接受包含错误同音异形词的句子，这表明语音在处理过程中发挥了作用。

例如，与“I have a hole in the heep of my sock.”相比，被试更容易将“I have a hole in the heal of my sock.”认定为正确句子，实际上正确的句子为“I have a hole in the heel of my sock.”。这说明，与包含假词的句子相比，被试更容易将包含同音假词的句子误判为正确的句子。

（4）改错

在实验材料中，正确的同音异形词被错误的同音异形词或类似的拼写对照词取代。参与者阅读并理解包含不正确的同音异形词或类似拼写对照词的句子，并标记不正确的单词。如果参与者更倾向于忽略不正确的同音异形词，则表明参与者首先激活了语音，然后激活了语义。

有学者采用改错研究范式探索语义通达问题。这项研究有两组参与者，一组只完成了纠错任务（不熟悉的情况），而另一组在完成纠错任务之前阅读了一次正确的材料（熟悉的情况）。实验结果表明，在熟悉的情况下，受试者会漏掉更多不正确的同音异形词。在不熟悉的情况下，参与者在不正确的同音异形词和拼写对照词方面的表现没有显著差异。

（四）框架语义学

框架语义学是美国语言学家菲尔莫尔（Fillmore）的首创，它所属的范围是语言学中认知方面的分支。他提出所有的关于语言的探讨都不能超过框架语义学，特别要重视语言的运用，不能悬浮在理论的空中，一定要落在实地，这样研究才有实际的意义。语言的实际意义就是人与人之间的信息交换，即沟通。这都不能脱开交流者身处的大环境，每一个交流者的语境不同，所表达的意思差别很大。这些都不能离开语境这一大背景。这对语言的认知、运用、交际有着巨大的影响，更能影响接受者的语言理解。所以菲尔莫尔得出结论：在交流过程中，交流者要站在语义框架内，不能够想当然，胡乱联想，只有这样才能够正确、有效地交流。随着深入研究，这个框架有了自己的专属定义——“由概念组成的系统”，至此框架语义学有了雏形，以后的研究者有了研究的方向。

所谓语义框架，是比较复杂、抽象的。每个学习者所处的时代背景不同，框架也不同。它是由交流者对外界事物不同的感受，凭借自己的思维逻辑，得到属于自己独一无二的语义框架。由此可见，影响语义框架的因素有很多，最重要的就是语境，这样可以帮助我们在学习复杂、抽象、陌生的语言时快速找到语言的含义，能够懂得正确的意思。

语义框架也是一个很大的体系，它包含一些承上启下的关键词，能够连接上下文。一个词的所有可能的语义和语法搭配都是通过在语义框架中找到它所在的地点和大概率会出现的地方，推断出它是不是中心、重点。这就能够帮助交流者快速地找到这一关键词。在同一语境这一大背景下，筛选出同类词汇，它们就属于相同的语义框架，可以直接反映同义近义词、等级、相关、逻辑、论述等语义关系。例如，学生在接收到 book、classroom、homework 等词汇时，能够在大脑中映射出相应场景 school、university，进而得出 teacher、student、headmaster、professor 等相关职业，这对于完成高考听力中“地点、身份、关系”相关题有重要意义。

框架语义学在当代的语言研究中占有举足轻重的地位，作为认知语言学大家族的一员，在教学方法方式中给予教师新的启示：词汇学习不局限于背单词，而是可以在语义框架中加深对于词汇的理解，使学生主动去学习词汇之后的背景、环境。这使教师能够生动、有趣地展示词汇，不只是念、拼、写。

在框架语义学中，教师就是引导者，需要教师建立起基本的骨架，围绕主旨进行结构的构建。一个单词往往有多种意思，在不同的语义框架中含义不同，光靠死记硬背是不能够熟练掌握词汇的。在此之上就需要思考词汇所隐藏的含义。

第二节　语义学理论在英语教学中的应用

一、语义学理论在英语教学中应用的概念和意义

（一）语义学理论在英语教学中应用的概念

近年来，随着我国社会的发展，我国对于语义学理论的研究同样在不断深入。在英语教学过程中，语义学理论的应用是非常广泛的。

语义学理论在英语教学中的应用：第一，采用简明扼要的方式来明确语法结构；第二，系统、全面地了解单词的意义，深入剖析词汇的成分，同样包括独立的复合词、习语等词汇化的短语等；第三，释义句子，在句子中有效地表达出语法关系和词义结构间的相互作用；第四，明确释义和谈论事物间的关系。

（二）语义学理论在英语教学中应用的意义

语义学理论在英语教学中应用可以帮助学生更好地理解词汇的意义和用法。具体来说，语义学理论可以从以下几个方面帮助学生更好地理解词汇的意义和用法。

①词义的多样性。英语中有很多词汇具有多种意义和用法，这些意义和用法

在不同的语境下会有所不同。语义学理论可以帮助学生了解词汇在不同语境下的不同意义和用法，从而使学生更好地理解词汇的多重含义。

②词义的上下文相关性。语义学理论认为，词义并不是孤立的，而是与上下文相关。因此，在英语教学中，教师可以利用语义学理论，引导学生根据上下文来推断和理解词汇的具体含义。

③词义的比喻性和形象性。很多英语词汇并不是直接表达具体的事物或概念，而是通过比喻或形象来表达。语义学理论可以帮助学生了解词汇的比喻性和形象性，从而使学生更好地理解词汇的含义和用法。

④词义的社会性和文化性。英语中有很多词汇具有社会性和文化性，不同的文化背景和生活习惯可能会导致词汇有不同含义和使用方式。语义学理论可以帮助学生更好地了解词汇的社会性和文化性。

二、语义学理论在英语教学中应用的实例

（一）语义场理论的应用

1. 语义场理论的特点

语义场理论具有层次性、相对性、模糊性和民族性的特点，了解语义场理论的规则特点并掌握其使用方法和技巧有利于提高现阶段英语词汇学习效率。

（1）层次性

根据语义场理论的层次性，可以通过自上而下的观察方法开展学习和探究。最高层次的词语具有概括性，且具有最广泛和丰富的含义，下一个层次词语的含义会更加具体，以此为规律可继续向下一级划分。例如，plant 和 creature 是 living things 义场中的下义词，vegetable、flower 和 tree 是 plant 义场中的下义词。

（2）相对性

语义场理论的相对性包含两方面含义：一方面是指上下义关系并非一成不变，可能会随词义发生变化，某一义场中的下义词也可以成为另一涵盖其他概念义场中的上义词。例如，在 animal 语义场中，cat、dog 和 pig 就是对应的下义词，但在 dog 语义场中，puppy、hound 就是下义词。判断一个词语是上义词还是下义词的方式就是将该词语与对应的关系词进行比较，进一步判定词汇之间的关系；另一方面是指语义场中的判定标准是随具体事物而变化的，例如，在 big、small 反义义场中，big、small 的概念是相对的，具体情况要依据参照物来确定。

（3）模糊性

词汇的真正含义不仅取决于词汇本身的意义，还要依据上文具体语境来决定。语义场理论具有模糊性特点的原因是客观世界中还有许多我们尚未探索或触及的领域。例如，水果义场和蔬菜义场都包括 olive。

（4）民族性

不同的文化背景和生活习惯孕育了不同的民族文化，对应的词汇语义场也受到民族性的影响。例如，uncle 和 aunt 都是 kinship 义场中的下义词，然而 uncle 和 aunt 在汉语中有很多对应的意思。汉语中的“亲属”一词是具体而清晰的，而英语中的“亲属”具有一般性和非具体性，英汉语言中语义场的缺少和不对等也是语义场民族性的体现。

2. 基于语义场理论的英语词汇教学创新方法

（1）加强语义场理论学习，奠定词汇学习基础

学生需要了解每个词在语义场中的位置。一个语义场可以包含一个或多个词，这些词具有相似的含义和用法。例如，“动物”是一个语义场，它包括“狗”“猫”“鸟”等词汇；“工具”也是一个语义场，它包括“锤子”“锯子”“钳子”等词汇。

语义场内的词汇之间具有一定的关系。例如，“狗”和“猫”是动物这个语义场中的两个例子，它们是并列关系，而“狗”和“骨头”则是狗的玩具这个语义场中的两个例子，它们是对应关系。理解这些关系可以帮助学生更好地理解和记忆词汇。语境是理解词汇含义的重要因素。例如，“我昨晚吃了个苹果”和“我昨晚吃了个梨”中，“吃”这个动作在两个句子中的含义都是“进食”，但是在具体语境中，“吃”的含义可能略有不同。将词汇放在具体的语境中学习可以更好地理解和记忆词汇。

学生可以将英语词汇按照语义场进行分类，例如，将动物、植物、工具等不同的语义场进行分类。通过分类，学生可以更好地理解和记忆这些词汇。现在有很多词汇学习软件可以帮助学生更好地学习语义场理论，这些软件通常会提供词汇的语义场、语境、例句等信息，让学生更加全面地了解和学习词汇。

总之，语义场理论可以帮助学生更好地理解和记忆英语词汇，建立语义场、理解词汇间的关系、运用语境学习、进行词汇分类和使用词汇学习软件等方法可以提高英语词汇学习的效率。

（2）改进语义场教学策略，确保词汇学习质量

教师需要对语义场教学策略进行一定的创新和调整，激发学生在词汇学习当

中的自信心，同时保证学习效率。语言是音、形、义的结合体，教师应该着眼于音、形、义这几个层面，充分体现出英语教学的丰富性和多元性，利用语义场理论指导词汇教学，培养学生的学习能力。

教师在具体的词汇教学当中，除了要为学生阐明单个词的含义以及使用方法外，还要大力创新教学模式，组织开展多样化的教学活动，特别是师生互动活动等。这样，在增强学生学习动力的同时，能达成高层次目标。

（3）补充语义场典型案例，实现词汇合理应用

为了提高学生的词汇掌握效果，让学生在词汇学习当中活学活用，教师应在词汇教学当中做好案例补充，让学生借助典型案例，了解语义场理论对于词汇学习的重要价值，使得学生能够在这一理论的辅助下高质量地完成词汇学习任务。教师可以根据教学要求，为学生提供语义场理论的应用案例，或者让学生充分发挥自身的主观能动性，自主查找和语义场理论相对应的案例，以增加学生对词汇含义和语境的认识。

（4）划分语义场教学步骤，促进学生高效掌握词汇

语义场理论在英语词汇教学中的应用可以有效地提高词汇学习的效率。以下是划分语义场教学步骤、促进词汇高效掌握的一些建议。

第一，课前准备。

①确定语义场主题：教师首先需要确定每个语义场中的主题，即该语义场中词汇的共同意义或概念。例如，在“动物”这个语义场中，主题就是各种动物的总称。

②词汇整理：根据确定的主题，教师需要整理和分类相关的词汇。例如，在“动物”这个语义场中，可以包括猫、狗、鸟、鱼等动物的名称。

③设计语境：为了让学生更好地理解词汇的用法和含义，教师可以设计相关的语境，包括句子、对话、短文等形式。语境应该与学生的生活经验、兴趣爱好等相结合，以便学生更好地理解和记忆单词。

第二，课中实施。

①引入语义场概念：在开始教授词汇之前，教师需要向学生介绍语义场的概念，并说明词汇之间的关系。引入语义场概念可以帮助学生更好地理解词汇之间的联系和区别。

②教授词汇：根据课前准备好的材料，教师可以通过多种形式教授词汇。例如，教师可以通过图片展示、视频播放、游戏互动等方式进行教授。同时，教师也可以引导学生通过上下文猜测词汇的含义和用法。

③组织活动：为了让学生更好地掌握词汇，教师可以组织相关的活动，例如，小组讨论、角色扮演、词汇游戏等。这些活动可以帮助学生巩固所学知识，同时也可以促进学生的积极参与和交流。

第三，课后巩固。

①练习设计：为了让学生更好地掌握和巩固所学词汇，教师可以设计相关的练习，如填空、选择、翻译等。练习的设计应该多样化，以便满足不同学生的学习需求。

③反馈与调整：教师需要及时收集学生的练习和反馈，了解学生对所学词汇的掌握情况。根据学生的反馈，教师可以适时调整教学策略和方法，以便更好地满足学生的学习需求。

③拓展阅读：为了让学生更好地扩展词汇量，教师可以推荐相关的阅读材料，引导学生自主阅读和学习。通过拓展阅读，学生可以更好地扩展词汇量，同时也可以提高阅读和理解能力。

（二）语义联想理论的应用

1. 语义联想理论融入英语课堂教学

教师可以考虑将语义联想理论融入英语词汇课堂教学中，因为语义联想理论不仅可以提高学生的学习兴趣，还可以加强学生的词汇记忆水平，提高学生的词汇学习水平，提高学生自主学习的能力。教师在教学中应有意识地加强学生词汇学习策略的训练，教师应该鼓励学生根据不同的学习目的来调整自己的学习策略，提高学习效率。

教师可以将语义联想理论融入课堂、融入教材，有针对性地设计词汇练习和布置家庭作业，使语义联想理论自然而然地与课堂教学、课后练习、家庭作业相融合，从而让学生切身感受到语义联想理论的优势，这样学生才能积极地自我调整词汇学习策略，想办法解决词汇学习中遇到的问题，并及时总结词汇学习结果，从而提高学生学习英语词汇的自信心，同时也可以提高英语学习成绩。因此，师生都要充分认识到词汇学习策略的重要性和可教性，教师应将词汇策略教学作为课堂教学的一部分，有组织地长期对学生进行词汇学习策略方面的训练。

2. 加强教师自身素质，掌握策略训练技巧

教育大计，教师为本。有好的教师，才会有好的教育。没有合格的教师，就没有合格的学生。教育者面临新的教学理念和教学方法时，应该加强自身素质，探索新的教学方法，教师应想方设法促使学生真正成为有自主学习能力的学习者。

在教给学生如何有效使用语义联想理论之前，教师首先应接受系统的词汇学习策略训练，掌握如何教授语义联想理论，如何在课堂上开展语义联想理论指导，这样才能让学生快速、准确地掌握语义联想理论，才能真正有效地帮助学生提高词汇学习效率。此外，还要让教师亲身体验以策略训练为基础的外语教学，使他们学会识别、使用、强化策略，并将策略灵活应用到其他场合。教师还应该加强自身的科研水平，多参阅有关词汇学习策略训练的文献，以科研促进教学，做到“科研教学化、教学科研化”。

3. 注重培养学生的策略使用意识

策略训练的关键在于提高学生的策略使用意识，通过学习任务具体展示学习策略，为进一步的策略学习和使用搭起桥梁，最终培养学生自主使用学习策略的能力。研究结果表明，经过策略训练后，学习者主动使用策略的意识和兴趣明显增强，学习策略训练在英语教学中具有可行性。教师在英语词汇教学中应该加强对学习者词汇学习策略的训练，培养学生英语词汇学习策略的使用意识，进而提高学生英语词汇学习能力，调动学生学习的积极性，改善学生的思维能力，提高学生的英语学习成绩。英语词汇学习是一个日积月累的过程，没有捷径可循，但是可以通过应用语义联想理论来提高学生词汇学习的效率。教师在教学中应该使学生意识到使用理论的意义和实用性，使学生首先培养理论意识，然后掌握具体的词汇学习策略，成为一个真正意义上的自主学习者。

（三）语义通达理论的应用

1. 语义通达与阅读发展理论

语言水平是影响语义通达的一个重要因素，对不同语言水平被试语义通达的动态考察，为研究者不断完善英语阅读发展理论奠定了基础。

（1）发展性过渡理论

早期的阅读发展理论普遍认为，在阅读发展的初期，语义是由语音激活的。后来，因为正字法通达更快、更直接，语义是由正字法通达的。阅读发展经历了两个阶段：第一阶段单词被编码成语音，通过语音通达语义；第二阶段即正字法阶段，由正字法直接通达语义。

（2）双通道模型

该模型认为，形 – 音 – 义通道和形 – 义通道是并行发展的，音通达义还是形直接通达义，取决于词的熟悉度。随着词的熟悉度的提高，形 – 义通道的加工速度越来越快，逐渐取代相对较慢的形 – 音 – 义加工通道。为了解释语音能力与阅读发展的紧密联系，阅读发展理论的“自我教授假说”认为，语音通道对于建立形义间的直接联结是至关重要的。借助形义对应知识，儿童能够将视觉的单词解码为语音，并通过先前掌握的形义对应知识通达语义。每一次解码都能强化形义间的直接联结。

（3）高质量词汇表征理论

根据这一理论，阅读发展的过程实际上是提高许多词汇表征质量的过程，发音在任何阶段都发挥着作用。高质量的词汇表征意味着词汇表征准确且密切相关。准确的词汇表征是指看到单词形式能够快速、准确地激活相应的单词，而不是拼写相似的单词；密切相关的词汇表征是指一个词的形状、声音和意义被绑定在一起，因此形状、声音、意义同时被激活。形音对应的知识对于构建高质量的词汇表征至关重要。一开始，一个特定的正字法表示（尤其是元音）与多个音位表示相关联。随着正字法敏感性的提高，音位数字的数量也会减少。

2. 语义通达理论在英语阅读教育中的应用

语义通达理论是指人们通过构建意义和理解来实现有效沟通的一种理论。在英语阅读教育中，语义通达理论有以下几个重要的应用。

（1）词汇教学

语义通达理论强调词汇的重要性，认为词汇是理解和表达意义的基础。在英语阅读教育中，教师可以通过教授学生常用词汇和词汇的搭配方式，帮助学生扩大词汇量并提高阅读理解能力。在英语阅读教育中，教师可以通过以下方式帮助学生扩大词汇量并提高阅读理解能力。

①教授常用词汇。教师可以教授学生常用的英语词汇，包括高频词汇和常见的词汇搭配。学生通过学习这些词汇，可以更好地理解和运用它们。

②引导词汇归纳。教师可以引导学生通过词根、前缀和后缀等方式归纳和推测词汇的意义。这样学生可以从词汇的构成中推测出新词的意义，从而扩大词汇量。

③提供词汇资源。教师可以为学生提供词汇资源，如词汇表、词汇卡片或在线词汇工具。这些资源可以帮助学生扩大他们的词汇量。

④组织词汇教学活动。教师可以组织各种词汇教学活动，如词汇游戏、词汇拼图和词汇竞赛等，以提高学生对词汇的记忆和运用能力。

（2）上下文理解

语义通达理论认为，上下文对于理解句子和段落的意义至关重要。在英语阅读教育中，学生需要学会通过上下文推测词义、句子意思以及段落主旨。教师可以引导学生分析上下文信息，帮助他们更好地理解阅读材料。教师可以采取以下措施来帮助学生更好地理解阅读材料。

①引导学生注意上下文线索。教师可以引导学生仔细观察上下文中的线索词，如同义词、反义词、修饰词、关联词等，这些线索可以帮助学生推测词义和句子意思。

②提供上下文支持。教师可以提供给学生一些有关上下文的背景信息，如文化背景、历史背景等，以帮助学生更好地理解文本中的隐含信息。

③引导学生运用推理能力。教师可以引导学生通过推理来理解句子和段落的意义。学生可以通过分析上下文信息和与自己已有的知识进行联系，以此来推测出句子和段落的含义。

④组织上下文练习。教师可以组织一些上下文练习，让学生通过阅读材料并回答问题来锻炼推理能力。这些练习可以帮助学生更好地理解阅读材料，提高他们的阅读理解能力。

通过以上方法，教师可以帮助学生学会通过上下文推测词义、句子意思以及段落主旨，从而更好地理解英语阅读材料。

（3）阅读策略

语义通达理论提倡使用各种阅读策略来促进理解。在英语阅读教育中，教师可以教授学生一些常用的阅读策略，如预测、问题生成、概括和推理等，以帮助学生更好地理解和分析阅读材料。

①预测。学生可以通过阅读标题、图片、图表等信息来猜测文章的内容和结构，从而提前建立与文本的联系，并激发阅读兴趣。

②问题生成。学生可以根据阅读材料提出一些问题，从而更深入地思考和分析文章内容。这有助于学生关注细节，完成对文章的全面理解。

③概括。学生可以用自己的话简洁地总结文章的主旨或每个段落的主题。这个过程有助于加深学生对文章的理解，并且培养他们提炼信息的能力。

④推理。学生可以基于已有的信息和文本中的暗示进行推理，推断出一些未提及的细节或意义。这有助于培养学生的逻辑思维和推理能力。

⑤审视词汇。学生可以通过上下文和词根词缀等线索来推测单词的意义。这有助于学生扩大词汇量并提高阅读流畅性。

通过教授和引导学生使用这些阅读策略，教师可以帮助学生更好地理解阅读材料，进一步提高他们的阅读能力。

（4）文化背景知识

语义通达理论认为文化背景知识对于理解和表达意义至关重要。在英语阅读教育中，教师可以引导学生了解英语国家的文化背景，包括习惯、价值观和社会背景等，以帮助学生更好地理解英语阅读材料中的文化隐含信息。教师可以通过以下方式引导学生了解英语国家的文化背景。

①文化背景介绍。教师可以向学生简要介绍英语国家的文化特点、传统习惯和社会背景，包括英语国家的主要节日、饮食文化、礼仪习惯等。

②阅读材料选择。教师应在教学中选择与英语国家文化相关的阅读材料，如英语国家的历史、文学作品或文化报道等。这样可以帮助学生更好地了解并运用文化背景知识来理解阅读材料。

③文化差异讨论。教师可以组织学生就文化差异进行讨论，让学生分享自己对英语国家文化的认识，并引导学生思考文化差异对理解和表达意义的影响。

通过引导学生了解英语国家的文化背景，教师可以帮助学生更好地理解和分析阅读材料中的文化隐含信息，从而提高他们的阅读理解能力。此外，这也能增进学生对不同文化的理解和尊重，培养他们的跨文化意识。

（四）框架语义学理论的应用

框架语义学理论是由国外学者创立和发展的理论，经过多年的探索和发展，近年来也开始在中国流行起来。

框架语义学的研究主要集中在意义上，特别是在词汇层面，因为框架语义学理论主要是表达对意义和句式的理解。在英语框架网的基础上，我国研究人员因地制宜地建立了属于汉字的框架。湖南师范大学外国语学院教授廖光蓉在框架语义的研究基础上，通过比较语言的历史发展情况，与语言在某个特殊的历史下的发展情况，将语言的表现类型和内含的抽象意义、相邻要素密切集合，得到了“狗”的框架。该研究能够说明在语义框架中一个词语的不同种含义、在不同语境下的不同使用方法，及其诱因和约束。

框架语义学理论的应用从本土语言逐渐扩展，延伸至外语教学范畴，其范围遍及词汇、阅读、翻译、写作和听力等多个教学模块。

广州大学外国语学院教授汪立荣在《框架语义学对二语词汇教学的启示》中探讨了如何通过梳理语言框架来构建二语词汇教学框架，帮助学生理解和掌握词汇语义。以对语义的理解和对第一语言框架的依赖程度为依据，第二语言词汇的学习可以分为两个阶段：第一个阶段是对第二语言意义的理解，这依赖于翻译；在第二阶段，学习者开始意识到这种依赖是不可靠的，他们试图理解第二语言词汇和译文词汇之间的区别。第二阶段的开始因人而异，这取决于不同的语言学习环境和不同的教学方法。

在人与人的交流、沟通中，词汇的含义是复杂、混合的，仅仅知道其意思不能够帮助人们正确地交流、沟通，必须在特定的语境下，即语义框架中，才能够有效沟通，做到正确理解其含义，乃至于引申含义。

在英语教学中，框架语义学理论可以应用于以下方面。

1. 词汇教学

框架语义学可以帮助学生理解和记忆词汇的意义。通过讲解词汇的语义框架，如事件、角色、属性等，学生能够更好地掌握单词的概念和应用。例如，对于单词 apple（苹果），我们可以讲解它的语义框架：事件是“吃”，角色是“人”，属性是“红色”“甜”的水果。学生通过理解这个语义框架，可以更好地理解 apple 的意义和记忆该词的含义。

此外，框架语义学理论还可以帮助学生建立词汇之间的关联和联系。通过比较不同词汇的语义框架，学生可以发现它们之间的相似点和差异点。这种比较和联系有助于学生更好地掌握和运用词汇。

综上所述，框架语义学理论在英语教学中的应用可以帮助学生更好地理解和记忆词汇的意义，以及建立词汇之间的联系。这有助于学生正确地掌握词汇的概念和用法，提高英语表达能力。

2. 句子解析

框架语义学理论可以帮助学生理解复杂的句子结构和含义。通过分析句子中的语义框架，学生可以更准确地理解句子的主题、角色关系、动作序列等，从而提高阅读和听力理解能力。例如，当学生在阅读一段复杂的句子时，他们可以运用框架语义学理论来分析句子的主题和其中的角色关系，从而更好地理解句子的含义。通过这种方式，学生可以更好地理解复杂的句子，更准确地回答阅读问题或者更好地完成阅读任务。

3. 语法教学

框架语义学理论可以与语法教学相结合，帮助学生理解语法现象背后的语义原理。通过讲解语义框架，学生可以更好地理解不同的语法结构，并掌握正确的用法。例如，在英语语法中，动词的时态和语态是语法现象，而它们背后的语义原理是时间、动作和动作与主语之间的关系。通过讲解这些语义原理，学生可以更好地理解动词的时态和语态，掌握它们的正确用法。

4. 提高表达能力

框架语义学理论可以帮助学生丰富和准确地表达自己的思想。通过学习如何运用语义框架来描述事件、角色关系、动作序列等，学生可以提高口语和写作的表达能力。

框架语义学理论强调的是语言与概念之间的联系，它提供了一种理解语言的方式，可以帮助学生理解语言所表达的概念和意义。通过这种方式，学生可以更好地理解和运用语言，从而更准确地表达自己的思想。例如，在写作中，学生可以利用框架语义学的理论来构建文章的逻辑结构。他们可以运用语义框架来明确文章的主题、主要观点以及支持观点的论据，从而使得文章更有条理、更具有说服力。

同样，在口语表达中，学生也可以运用框架语义学的理论来丰富自己的语言表达。他们可以利用语义框架来组织自己的思路，清晰地表达自己的观点和想法，从而更好地与他人进行沟通和交流。

5. 交际策略

框架语义学理论可以帮助学生掌握语言交际中的策略。通过学习如何使用语义框架来推断和预测对话中的信息，学生可以更好地参与真实的交流，并提高听说能力。框架语义学理论注重语言所表达的概念和意义之间的联系，通过分析语义框架，学生可以更好地理解和推断话语中的信息和背景知识，从而更好地参与真实的交流。例如，在听力理解中，学生可以利用框架语义学的理论来推断和预测对话中的信息。他们可以运用语义框架来推断对话中的主题、角色关系、动作序列等，从而更好地理解对话的内容。

同样，在口语交流中，学生也可以运用框架语义学的理论来提高自己的听说能力。他们可以利用语义框架来预测对方的话语，更好地理解对方的意图和需求，从而更好地参与交流。

通过应用框架语义学理论，教师可以帮助学生更深入地理解英语语言的意义，提高语言应用能力。

第七章　英语语用学理论与应用

语用学作为一门专门探讨语言含义的语言学分支，其理论对于英语的实际应用有着重要的指导作用，同样有助于学生更好地学习和应用英语知识。英语教学的最终目的是培养学生的英语语用能力，语用学强调的是提高语言学习者在真实语境中运用语言交流的能力。英语交际能力的强弱取决于诸多因素，最主要的是语用能力。在当前英语教学中，人们更关注英语语言知识技能的掌握情况，较少考虑到英语交际中的规范，对语用能力的培养和引导相对较弱，语用能力掌握成效不明显，英语语用能力较难提升，因此，培养英语语用能力现已成为英语教学的目的和导向之一。

第一节　英语语用学的基本理论

一、语用学的含义

语用学是一门研究语言运用的学科。由于语用学的研究范围涉及很多层面，因此关于语用学的含义也有很多不同的观点。下面从不同角度探析语用学的含义。

（一）从说话者的角度探析

剑桥大学教授尤尔（Yule）认为，话语理解发生在话语生成后，所以话语的生成过程或者说话者意义的阐发过程是非常重要的。从这一角度来说，语用学应研究说话者（或写作者）传递的意义和听说者（或读者）理解的意义，即话语的生成和理解。

从说话者的角度来看，语用学的研究应涵盖两点：研究说话者如何通过一定的话语表达某种含义，实现某种特定的意图；探讨并分析影响这种意图表达和理解的语言因素、语境因素以及语用因素。

（二）从听说者的角度探析

著名社会语言学家法索尔德（Fasold）从听说者理解的角度对语用学进行研究，他认为语用学是利用语境对意义进行推导的学科。也就是说，听说者为了获知说话者所要传达的真实交际信息，通常需要在接收话语后对话语的明说内容进行推理，通过推理来获取话语的含义，也就是获取话语表面意义下隐含的相关信息。

尤尔也从听说者的角度对语用学做了描述，他认为语用学是研究如何通过话语明说内容、传递更多信息的学问。也就是说，语用学是研究说话者如何通过字面意义传递言外之意的。可见，从听说者的角度看，尤尔给出的语用学定义与法索尔德给出的定义是一致的，但是尤尔给出的这一定义并没有指明如何在话语的明说内容和非明说信息（即隐含信息）之间进行选择。事实上，说话者应该将哪些内容通过话语明确地表示出来，又该将哪些信息隐藏起来，往往涉及多种因素，如交际双方的亲疏程度、社交距离等。

（三）从语用综观论角度探析

从语用综观论角度给出的语用学定义是从广义角度来说的。根据比利时语用学家耶夫·维索尔伦（Jef Verschueren）的观点，语用学是从认知、社会和文化的整体入手对用以表达行为方式的语言现象的综合性观照。他认为，语用学研究应渗透在语言中能表达意义的各个层次，主张全面、综合地研究语言使用的复杂性及其奥秘。英国语言学家格林（Green）同样从广义角度界定语用学。格林认为，语用学是一门交叉学科，涉及语言学、认知心理学、文化人类学、社会学、哲学等多个领域。依据格林的观点，语用学主要用以解释说话者采取什么样的行为以及如何采取这种行为完成某种交际目的。在此过程中，语用学的研究对象包括说话者的信念、计划以及行为、意图或目的等。简言之，语用学就是研究有目的的人类行为及其理解问题的一门学科。

二、英语语用学的主要理论

语用学作为一门系统学科，在形成与发展的过程中完善了自身的理论体系。中西方语用学专家与学者提出了很多语用学理论，如言语行为理论、顺应理论、关联理论、模因理论等。本节选取其中的言语行为理论、顺应理论、关联理论、认知语用学理论、语际语用学理论、二语习得理论进行介绍。

（一）言语行为理论

英国牛津大学哲学教授 J. L. 奥斯汀（J. L. Austin）认为言语行为是一种具体的语言分析活动，并提出了言语行为理论。他把言语行为分为三个层次，即话语表意行为、话语施事行为和话语施效行为。

1. 话语表意行为

奥斯汀把以言表意行为归结为“说些什么”。通常我们用说出的话语来表述事实，这类话语都是有意义的，但是会存在言语符不符合事实的问题，因而这样的句子有真假之分。

我们在进行话语行为时，不仅在陈述一个客观事实，重要的是把话语放在语境中去考察。语言的交流充满了复杂性和多样性，仅从表面意义去考察，难免会出现模糊的判断。话语表意行为作为言语行为理论的第一个方面，主要是说出某个具有意义的话语，如做陈述、提疑问、下命令、发警告、做许诺等。

奥斯汀之所以提出言语行为理论，主要是对于记述话语和施事话语的区分陷入了矛盾，但话语表意行为的区分不足以为解决问题提供思路。对话语表意行为层次进行讨论，目前只停驻在初始阶段，所以有必要进行深层次的挖掘。

2. 话语施事行为

奥斯汀认为以言施事行为就是“说即是做”，即我们说出了某些话语也就完成了某种行为，如命令、承诺等。他还将话语施事行为进行了分类，主要分为了五种：判断式、执行式、承诺式、行为式以及解释式。

3. 话语施效行为

话语施效行为指的是说出的话语，通过对听者产生某种影响，从而实现某种效果，如劝告、说服等。例如，说话者说“偷盗是违法行为”，听话者听过之后明白偷盗是违法行为，就会避免这种行为，从而使说话者取得心目中预想的效果。总之，话语施效行为就是听话者通过说话者的话语在某一方面受到心理上的影响，从而达到某种效果。奥斯汀将这一行为用公式解释为“By saying X，I did Y.”。也就是说，通过说 X，我做了 Y。例如，在说“我会如期到场”时，“我”通过说话做出承诺，从而让听者感觉到放心。这个“使……放心”就是话语施效行为所指的言后之果。

话语施效行为和话语施事行为之间相互联系、相辅相成，不能割裂开来。从话语施事行为中所涉及的“话语之中的力量”出发，话语施效行为就是说话者在说了些什么之后，对听话的人、说话的人或者是其他人的感情、思想和行为等产生一系列的影响。

叙事句和施事句是奥斯汀言语行为的两种功能。叙事句，换句话说就是我们熟悉的陈述句。叙事句有真假之分，而施事句没有真假之分，但是有适切不适切之分。奥斯汀对叙事句和施事句进行区分以后，充分强调虽然施事句没有真假之分，但是必须满足一些条件，否则就不能起到实施行为的作用。这些条件包括以下几个方面：

①必须在一定情境当中包含被接受、效果好的常规程序；

②特定程序要求需要被特定情境和参与者满足；

③参与者必须正确使用该程序；

④将该程序贯彻落实在所有流程当中；

⑤该程序的作用对象一般是具有某些情感意向或持有某些信念的人；

⑥参与者自己按照该程序进行操作。

奥斯汀认为只要违反了这六条规则中的任何一条，施事句就是不适切的。

所谓施事行为，就是指本来有这个意思，但是在话语中没有明确表现出来，也就是说话人不好直接表明自己的想法与目的，而用委婉的话语希望对方能够领悟到自己的意思，从而使对方做出符合自己意愿的行为。

因为施事行为和说话人的想法是一致的，所以这种行为就是说话者最真实的想法。基于此，奥斯汀对施事行为最感兴趣，他认为施事行为在特定的语境中赋予有意义的话语一种“言语行为力量”，简称“语力”。不管是表达实际内容、述说状态、做出动作，还是表明目的，说话者所说出的话语都会对说话者与听话者的动作行为、观念、想法产生相应的影响，当言语行为获得了效果，就是取效行为。

（二）顺应理论

顺应理论是由比利时语用学家耶夫·维索尔伦于 1987 年在其著作《作为语言顺应理论的语用学》中首次提出的，并于 1999 年在《语用学新解》一书中对这个理论进行了进一步的完善。维索尔伦在研究语言使用的过程中，受到达尔文进化论思想的影响，提出语言使用的过程是语言选择和语言顺应的过程，这就是在语言学综观主导下的顺应理论的重点。

顺应理论的核心概念有语言选择及可变性、可谈判性、适应性等语言特性，这两方面内容是顺应理论的基本框架。

1. 语言选择

维索尔伦认为，人们使用语言的过程就是在语言内外因素的驱动下不断做出选择的过程。语言选择具有以下几种类型。

（1）结构上的语言选择

在结构层次上，语言选择可以发生在任何元素中，如发音、词汇、语法、代码、话语和话语的选择。一般来说，语言选择应该首先选择适合不同地区的方言或语言变体，如英语、法语等，其次是口语或书面语言，最后是字母、对话、小说和其他体裁的选择。

（2）交际策略中的语言选择

交际策略中的语言选择需要考虑表达水平。例如，如果一个人选择了尊重的表达策略，他还需要在语言的其他方面做出相应的选择与策略相适应，如称呼、说话语气和措辞。

（3）选择存在意识程度差异

个体在语言选择过程中具有不同程度的适应性。换句话说，不同的语言选择具有不同的意识水平。在使用这个句子时，通常会自动选择不同形式的单词，以确保句子主谓词的一致性。这种选择是一种无意识的选择。

（4）交际双方共同参与语言选择

语言选择不仅存在于话语生成阶段，也存在于话语理解阶段。此外，语言选择不是单方面的，双方在沟通过程中都需要对语言做出一定的选择。正是由于交际过程中双方对语言的选择，才形成了交际中语言意义的产生和语言功能的发挥。这是从交际过程中的顺应理论的角度来解释的。维索尔伦认为，在交流过程中，任何一方都必须对语言做出选择。

在沟通过程中，双方都没有选择的自由，他们唯一的自由就是选择使用语言或保持沉默。然而，在某些特殊情况下，使用语言和保持沉默所产生的功能是相同的。在一些沟通过程中，无论语言选择的范围是否满足沟通的需要，双方都必须做出选择。在这种压力下，交际双方只能根据当时交际的具体语境来选择语言项目。

（5）语言选择具有倾向性

在使用语言之前，用户会首先做出选择，并经常选择他们认为最适合和最需要交流的语言项目。也就是说，语言用户在选择语言的过程中有一定的偏好，所有要选择的语言项目被选中的机会并不相等。

2. 语言特性

语言使用者使用语言的过程也就是他们选择语言的过程。语言使用者之所以可以选择语言，是因为语言自身具有可变性、可谈判性和适应性。

（1）可变性

可变性是语言本身的特性之一。这一属性规定，无论从历时还是共时的角度来看，语言结构中的所有可选择项目都是动态的、开放的、不断变化的，而不是静态的、封闭的和不可改变的。在沟通的过程中，双方会不断地进行协商和选择，以满足沟通的需要。语言的可变性涉及交际过程中的所有因素，如目标受众、时间、地点、文化等。

（2）可谈判性

可谈判性是指当有多种语言元素可供选择时，沟通双方都会仔细考虑并选择最合适的表达方式。为了符合交际目的的要求，交际者要根据不同的语境选择合适的说话方式来表达。

（3）适应性

适应性是指语言使用者从所选择的所有语言项目中选择最合适、适应性最强的语言项目，以达到交流目的。事实上，适应性主要是可协商性的一个附加条件，它要求交际者从谈判结果中选择最合适的语言表达形式来满足交际需求。

（三）关联理论

1. 关联理论的层次划分

关联理论是以关联为准则，采用明示和推理的方法来实现最佳关联交际的理论，主要由“语境效果”和“处理努力”两个因素决定。在理解话语时，需要对话语信息进行处理，是将其语境化的过程，通过一定的努力，营造良好的语境效果，最终获得最佳的认知效果，即“最佳关联”。关联理论主要包含以下两个方面的内容，这是关联理论的重要组成部分，奠定了英语语用学的理论基础。

（1）认知语境

语境是推理话语之间关联性的重要依据。语境是一种心理构建体，不仅包括在交际时话语的上下文、即时的物质环境等具体的语境因素，也包括一个人的知识因素以及认知能力等。由于关联理论的语境是基于心理构建的，因此它不是静止的、不变的。人类的心理构建是动态的过程，因此在认知语境中，听话人推理话语信息时需要进行新旧信息的提取、选择、加工，促使新的信息和旧的信息之间相互作用，从而使得说话人和听话人能够在不断顺应语境的过程中进行动态的话语含义推理，寻求话语信息的最佳关联。

（2）明示—推理

关联理论有两种模式：代码模式和推理模式。解码—编码是涵盖在推理模式中的，即认知—推理这个最基本过程。整个过程是一个明示—推理的过程，说话人将话语信息（显义和暗含）提供给听话人，听话人对所感知到的线索信息加工解码，进行语境假设，通过相关的知识来推导隐含信息，从而理解话语。关联理论就是要让人们在交际过程中以最小的努力达到最佳的效果。翻译则是一个双重明示—推理的过程，在此过程中，译者是原文作者的受众对象，也是译文读者的交际者，具有双重身份，需要进行两次明示—推理活动，因此译者的权力和责任重大。

2. 关联理论的文学意义

由于关联性受到语境制约，而语境又是一个心理构建体，受到人的认知能力的影响，所以关联性具有强弱之分。中国语用学研究会创始人何自然指出，关联性是一个相对的概念，其程度的强弱取决于两个因素之间的关系，即所获得的语境效果和处理话语时所付出的努力，只有在两者间达到合理的平衡时，话语所提供的信息才被认为具有关联性。[①] 弱关联的关联性比较差，需要花费更多努力来达到关联，语境具有特定的、更大的要求是相对于普通含义而产生的言外特殊含义。

由以上的关系可知，话语具备足够的语境效果，信息接收者只需付出最小的努力推理出其中的含义，话语就具有最佳关联性。如果信息接收者需要付出较大的努力，从表面意义来理解，就是最大关联，但是根据人类的省力原则和经济原则发现，最大关联不是人类在交际推理中想达到的最终目的，最佳关联才更加符合其目标。

3. 关联理论的综合评价

关联理论是以最佳关联为准则，采用明示和推理的方法来实现顺利交际的理论。关联理论下的翻译是一种语言到另一种语言的转换，涉及三个重要对象，即原文作者、译者和读者。关联理论要求译者对原文做到正确的推理和明示，把翻译好的语言充分展现给读者，读者根据译文的明示以及充足的语境，以最小的努力关联到原文作者的意图，以达到与原文的最佳关联，实现翻译的最终目的，其中包含了两个明示—推理的过程。

① 何自然，冉永平. 语用与认知：关联理论研究［M］. 北京：外语教学与研究出版社，2001.

4. 语境及语境假设

语境效果建立在语境假设上，这个现时语境假设又称为“语境”或“背景假设”。语境并不只是说话者话语的上下文，也不仅仅是话语产生时的情境，还指代话语理解时所参考的假设。这些假设可能来自上下文，可能来自说话者的实地观察，还可能来自听说者的自身知识等。

语境是动态的，话语理解需要两个层面：

①听说者对话语进行解码，得出话语明面意义；

②听说者围绕话语进行语境选择和语境扩展，使话语在语境中产生关联效果，得出话语的隐含意义。

5. 精力

关联与语境效果密切相关，但是语境效果并不是凭空产生的，需要付出一定的精力。精力取决于以下两个因素：

①为构建恰当的、合适的语境而付出想象和记忆的努力；

②话语本身具有心理复杂程度，复杂程度越高，所需要付出的精力就越大。

（四）认知语用学理论

语用学被很多学者视为认知科学的一部分，二者关系密切。认知语用学理论是语用学发展的主要趋势，其历史渊源最早可以追溯到符号学，领域十分宽泛，是一门超符号学，应从认知角度来分析语言使用和理解中的语用，因为在交际活动中存在认知基础，语言交际也离不开认知基础。

西方语言学家斯珀伯（Sperber）和威尔逊（Wilson）提出，语用理论是一种交际理论，而交际理论又是一种认知理论。认知语用学理论的研究成果表明语言使用取决于交际双方之间的假设和推理，应了解特定语境、一般的背景知识以及语言使用相关的认知语境假设等方面的内容。斯珀伯和威尔逊提出的关联理论当前在语用和认知研究方面被提及最多，其将语用学的研究重点转移到了认知的一般理论上。

在关联理论的交际观中，代码模式与推理模式属于不同的交际模式，在研究语言的使用与理解时可将二者结合起来。威尔逊认为，在关联理论中听话人选择的理解要满足关联期待，而合理的选择不等于永远正确；二者提出的关联原则认为，定义交际只需两种意图，一是根据信息和交际意图谈论交际，二是根据说话人的明示信息解释交际，且认为只利用一条原则就可以替代合作原则及其准则。

斯珀伯和威尔逊指出语用学要探讨与推理有关的隐含信息以及话语的明示意

义。关联理论把言语或非言语的交际视为一种认知活动，交际的成功与否取决于双方对认知环境的相互明白。不同于一般的信息传递，交际涉及两个信息处理主体即交际双方的沟通过程。他们认为，交际是一个明示—推理的过程，作为交际过程的两个方面，明示与说话人有关，推理与听话人有关。在说话人的明示行为中，需要表明自己有传递某种信息的意图，同时也要向对方表明自己有传递这种信息意图的目的。推理的前提是进行语境假设，在明示行为中说话人的主要目的就是改变听话人的认知环境。逻辑信息、百科信息和语言词汇信息构成了一个人的认知环境，因其所构成的认知环境存在个体差异，对同一话语的理解结果可能不同。

总的来说，明示—推理的交际过程就是说话人的示意与听话人的推理过程。说话人进行示意，听话人就会从中获取新的信息以改变自己的认知语境，产生语境效果。这也说明，交际是一个将明示与推理相结合的认知过程。

斯珀伯和威尔逊将关联理论的总目标设定为，发现植根于人们心理的可以对彼此之间如何实现交际进行解释的隐含机制。关联性与听话人理解话语时所付出的认知努力及其取得的语境效果（认知效果）之间存在密切联系，想要获取足够的语境效果，听话人就需要付出一定程度的推理努力，人们在处理信息时会尽量以最小的努力去获取最大的认知效果。总之，关联理论为认知语用学理论奠定了重要的理论基础，尽管其忽略了社会文化因素对寻找关联信息的制约作用，但至今它的理论框架解释力仍然很强，推动了语用学向前发展。

根据以上梳理的内容，教师在进行英语教学和交际活动时要充分了解学生的知识掌握情况、语言运用水平和情感态度等，并据此适当调整课堂教学内容和教学策略，尽量做到关联最大化、最佳化，以实现学生语用能力的发展最优化。

（五）语际语用学理论

语际语不是一种独立的语言，是介于两种语言之间的一种中介语或过渡语，其指第二语言学习者所形成的有关目标语的非固定的、暂存性知识。语际语用学理论从语用学角度研究第二语言习得或学习过程中出现的中介语，最早出现于二十世纪七八十年代，现已成为语用学的新兴领域，是研究第二语言的重要内容。

在对语际语的言语行为和语用迁移进行深入研究的过程中，需要探究跨文化交际中语际语的语用效果。这个主题主要涉及话语理解、言语行为、语用迁移以及跨文化交际中的语用失误。

在此讨论的语用理解主要关注的是对语用语言和社交语用现象的理解。在第二语言学习中，高水平学习者常常依赖其推理能力来理解对话的潜在意义，这一过程中最大的障碍往往来自文化差异。在外语学习过程中，礼貌原则显得尤其重要，然而外语学习者对于礼貌的表达方式和程度的认识有所不同，往往倾向于模仿母语的表达习惯。语用失误可以通过交际失败、语用对比以及调查语际语的语用这三种方法来进行深入研究。

语际语用学理论主要研究跨文化交际中介语的衍生，这一领域同跨文化语用学存有交集，着重于在特定语境下针对第二语言言语行为的实施与理解进行探讨，以及解析中介语、母语以及目标语言之间的相互关联及其产生的交际效果。

在研究语际语中的言语行为时，发现交际中说话人所选择的策略受到多种因素的影响。其中，语境和第二语言知识的掌握熟练程度是主要的影响因素。另外，母语或第一语言的社交语用负向迁移和语用失误的表现也会导致语言离格现象的出现。在交际中，说话人需要灵活运用各种语言知识和策略来传递信息，但这些因素会影响他们的选择。

语际语用学理论主要关注受母语或第一语言影响所产生的中介语，外语学习者对语境因素的关注程度不如本族语者，在交际中更喜欢直接表达用意，其使用所学语言的主要障碍便是日常语用知识的缺乏。语际语中的语用迁移现象是母语及母语文化对外影响的直接结果，分为正向迁移和负向迁移。

通过分析和总结，在使用英语时容易出现语用失误，是因为缺乏跨文化交际中的语用意识和对于学生语用能力培养的足够重视，因此教师应在教学时着重强调语言形式与策略，及其在语境中的灵活性和得体性，在英语教学的内容和过程中融入语用原则的同时注意对学生语用意识的培养。教师也应着重培养学生的英语交际能力，帮助他们在教学活动中了解英语和汉语之间的文化差异，让学生意识到不同文化中存在不同的语用规则，在英语教学中应注意文化差异的重要性。

（六）二语习得理论

二语习得理论的提出基于第二语言的习得过程及其发展规律，强调在自然真实的交际情境中使用语言并获得语言习得的能力。美国语言学家乔姆斯基认为，语言不是靠学习获得的，而是依靠足够的情感和语言输入，强调学生在语言习得过程中跨文化意识的培养。

著名美国语言教育家克拉申（Krashen）提出了监控理论，他将监控理论归结为五项基本假说，即习得与学习假说、监控假说、自然顺序假说、语言输入假说和情感过滤假说。克拉申基于这五项假说全面解释了第二语言的习得过程，其中语言输入假说是监控理论的核心内容。学习者习得第二语言的必要条件就是可理解的语言输入，只有接触到可理解的语言输入才能对第二语言习得产生积极作用，而学习者接触到的可理解输入的量及其情感因素对语言习得的影响同样重要，语言输入的内容和方式都会对输出的质量产生影响。

学生的语言输出一定程度上受教师语言输入的影响，因而教师的语言输入非常关键。教师应尽可能地创设真实的交际情境，利用新媒体等设备为教学活动提供技术支撑。

三、英语语用学的基本原则

英语语用学是一门专门用来研究英语的运用与探索英语这门语言运用和发展规律的学科。根据语用学的主要理论，在英语的应用和交际中要注意遵守一定的原则和注意事项，主要包括以下几个方面。

（一）礼貌原则

礼貌是人类社会行为的普遍现象，从其本身来讲，主要指人们日常生活行为中具有道德或伦理意义的一项行为准则，包括人们为维护和谐的人际关系所做出的种种努力。礼貌主要用来构建人与人之间的社会关系，有助于维护和谐的人际关系，构建良好的社会秩序。

人际交往中的合作是信息和人际合作的集合，合作原则关注的是信息的方面，而礼貌与不礼貌现象则突出了人际的方面。

英国语言学家利奇深入研究了美国语言哲学家格赖斯（Grice）提出的合作原则理论，并针对这一理论的不足提出了礼貌原则。

格赖斯提出的合作原则理论尽管较为合理地论证了话语表面意思与语用含义之间的内在关系，可是该理论没有说明说话人为什么在交际活动中违反合作原则下的多种准则，也没有说明听话人怎样才能得出说话人的真实会话意思。

在利奇看来，说话人为了满足自身的礼貌需求而选择不遵守合作原则，命题导向的行动内容为说话人和听话人带来的利益变动以及话语为听话人提供的自主选择程度是礼貌的构成因素。说话人的命题内容对听话人的有利程度与礼貌程度之间存在显著的正相关性，如果命题内容对听话人有利，那么说话人就会表达礼貌性话语。

在此基础上，利奇提出了礼貌原则。礼貌原则由六条准则构成，任何一条准则又划分为两种相反的表述。

1. 得体准则

减少不利于他人的观点。

①尽量不要让别人吃亏；

②尽量让别人获得更多的利益。

2. 慷慨准则

减少对自己有利的观点。

①使自己获得较少的收益；

②尽量让自己多吃亏。

3. 赞誉准则

尽量不贬损他人。

①减少或不再贬损他人；

②尽量给予他人更多的表扬和赞美。

4. 谦逊准则

减少表扬自己。

①尽量多贬损自己；

②尽量少对自己提出表扬。

5. 一致准则

减少与他人不一致的观点。

①减少双方不一致的观点；

②增加双方一致的观点。

6. 同情准则

减少与他人的对立感情。

①双方要减少对另一方的反感；

②双方要增加对另一方的同情。

（二）面子原则

美国语言学家布朗（Brown）和莱文森（Levinson）是礼貌原则的两位先驱，他们通过分析人们交往中的面子问题，根据分析结果提出了面子理论。他们认为，任何一名社会成员都想获得的公开的自我形象就是面子。人们在交际行为中，非常希望维护对方和自己的面子，如果面子威胁的程度不断加深，他们所采取的礼貌策略程度也会不断提升。主要有三种因素决定面子威胁程度：①交际双方的社会差距；②特定言语行为的强加程度；③社会权力差别。

面子包括正面面子和负面面子两类。

①正面面子指的是在交际互动中人们表现出来的正面的自我形象，主要是人们对另一方的肯定、认可以及赞扬的需求。

②负面面子指的是人们对自己个人的某些利益不被他人侵犯的需求，如个人自由、个人隐私等。

不仅如此，布朗和莱文森提出，不少言语行为会对面子产生很大的威胁，礼貌的本质是弱化言语行为对面子产生的威胁程度。礼貌其实是一种补救策略，它一方面可以维护说话人的面子；另一方面可以维护听话人的面子。维护面子的策略有：①积极礼貌策略；②不施行面子威胁行为；③非公开的礼貌策略；④消极礼貌策略。

中国社会科学院语言研究所研究员顾曰国借鉴了礼貌原则的内容，并结合中国传统文化特征以及礼貌概念在中国的发展演变过程，提出了中国特色的五大礼貌准则。

1. 贬己尊人准则

讲述与自己有关的内容时要“贬低自己”，要表现出谦逊的态度；谈论与听话人有关的内容时要抬高对方，表现出对另一方的尊重。

2. 称呼准则

向交际另一方打招呼时要采用合适的称呼。称呼是否合适主要受职业、社会地位、场合、性别、年龄等因素的影响。

3. 文雅准则

不使用污言秽语，尽量使用委婉、文雅的语言。

4. 求同准则

说话人和听话人要尽量保持和谐的关系，尽量满足另一方的交际需要。

5. 德、言、行准则

产生尽量增加他人利益的行为动机，减少让他人付出代价的行为动机。说话人要尽量谈他人为自己带来的利益，少谈自己的付出。

（三）合作原则

格赖斯曾经于 1967 年在哈佛大学进行演讲，他在演讲过程中提出了会话含义理论以及合作原则理论。具体来说，合作原则理论指人们在会话过程中，常常期待遵守一定的原则，换句话说，就是根据交谈目的调整话语，确保话语的合理性。在这条原则下又可以分为四条准则。

1. 数量准则

交际过程中，根据所需要的信息量提供信息，不要提供所需要信息以外的其他信息。

2. 质量准则

不表达不真实的信息，也不表达缺乏证据支持的信息。

3. 关系准则

所提供的信息不仅要密切相关，而且要与主题相符。

4. 方式准则

要保证信息明了、简洁，以免表达模糊，出现歧义。表达时尽量不要使用冗长的语言，语言表述要有条理。

说话者与听话者都会认为另一方遵守了合作原则及其他原则，所以说话者与听话者能够对会话含义进行推导。一旦说话者主观故意不遵守某一原则，而且听话者听出相反的含义，就会导致特殊会话含义出现。只有坚持以上准则，人们才能以高效、直接、合理的话语从事交流活动。

以上四条准则直接关系交际内容：数量准则决定了信息交流量；质量准则确保交流信息的真实性，所传达的信息务必要有根据；关系准则要求交流内容要与主题相符，不应描述主题之外的内容；方式准则对表达方式提出了相应的要求，使用语言要简洁、明了，不使用烦琐、模糊的语言。可是，从现实来看，违背合作原则的例子并不在少数，特别是在现实用语中，绝大多数情况下，各个参与者基本能够遵守合作原则，但人们为了维护自身的利益，也会发生违反合作原则的事情。

根据以上格赖斯提出的合作原则的基本内容及其实质，我们认识到在交际环境中要不断理解另一方说话的目的和动机，处于不同语境中的说话人对合作原则中的准则会有不同的选择和侧重，因此双方可能会无法达成相互理解和配合的状态，对合作原则造成干扰，影响交际的实现。

从英语教学的角度来说，在遵循格赖斯的合作原则时，教师应围绕着课程重点内容，提供适量的交际信息，简洁明了地交代教学任务，使学生在进行英语语言交际和练习时清楚地了解到学习重点，从而更好地配合完成教学活动。

（四）关联原则

关联原则指出交际是交际双方明示—推理的过程，以关联为取向，设定明示的交际行为都具有最佳关联性。关联原则包括认知原则和交际原则。根据关联原则，明示刺激即话语刺激需要听话人付出一定努力来处理，进行推理思考，以获得最佳语境效果。交际双方对话语和语境的脱离越成功，其关联性就越清楚，人们就更容易正确地理解话语，从而成功交际。

关联原则发展了合作原则。二者之间的主要区别在于，关联原则不会着重强调交际要进行合作，对成功交际的界定更清楚。关联原则是人们在交际场合中能够自觉遵守的原则，且在交际过程中说话人和听话人能明白彼此话语间的明示信息和隐含信息。定位到英语教学中，师生、生生之间的交际活动需要教师创设真实语境，根据学生的认知水平和交际能力来提供信息并解释话语，以在教学活动中辅助学生获取最大的认知效果。

语用原则的实施对学生在课堂学习和实际交际方面都会起到关键性的辅助作用，教师要在英语教学中利用好语用原则，以争取学生的语用能力发展最优化。

在英语教学中，教师要将礼貌原则、面子原则、合作原则和关联原则这四条主要原则吸收并灵活应用于课堂活动中，根据学生的认知水平采取恰当的教学策略，将理论与实际教学相结合，使教师的教学策略能够有利于学生语用能力的发展和提高。学生在教师教学策略的引导下，在相互理解和配合中应遵守语言交际规范，根据语境中的关联信息有礼貌地开展交际活动，营造良好的交际氛围，形成最佳语境效果，从而顺利实现交际及其目的，即提高自身的英语语用能力。

第二节　语用学理论在英语教学中的应用

英语语用学是英语语言学中的一个非常重要的学科分支。英语语用学不仅指的是对于英语这门语言的学习，更多的是指英语表达的特定含义。英语教学的目的就是在英语的日常教学中，掌握基础的单词、语法和简单的书面表达等，让学生掌握基础的英语知识。语用学的奥妙就在于它充分强调在某个特定的场景下，使用这些基础的英语知识，根据当下情境所对应的社会背景和文化背景，对一段话、一篇文章或者是一本书进行有针对性的情境分析，明确说话者所要表达的真正用意，然后充分地表达出来。

一、语用学理论在英语翻译教学中的应用

（一）基于语用学的英语翻译教学现状

学生对英语知识的背景文化认识不足导致他们有时不能准确地表达原文的意思，对英语翻译知识兴趣不大。学生在课堂中表现机会少，较少有机会表达自己的疑问，或者没有时间对具体的翻译知识进行整理，导致积累不够、翻译不准确。语境分析是十分重要的，教师应该充分利用语境分析开展具体的翻译教学活动，帮助学生积累新鲜而丰富的翻译素材，提升学生的英语水平。

（二）基于语用学的英语翻译教学策略

1. 优化教学设计的基本要素

教学设计需要考虑很多方面，但在明确教学设计基本理念的基础上，可以将教学设计分成以下五大基本要素：①了解相关的教学背景；②确定适切的教学目标；③开发有利的教学资源；④选择合适的教学方法；⑤组织有效的教学活动。

（1）了解相关的教学背景

这一要素要求教师仔细研读新课程标准中的相关内容以及与之相对应的教学要求，剖析教材内容前后之间的内在联系，解读翻译文本背后的写作背景和文化背景，了解学生现有的知识基础和能力水平，从而更好地实施教学。

（2）确定适切的教学目标

这一要素要求教师突破三维目标的局限，实现课程功能向英语学科核心素养的转变。教学目标是课程目标的有机组成部分，但目前英语翻译教学目标仍存在模式化、泛泛化等问题。要提高英语翻译教学质量，就需要教师突破三维目标的局限，将英语翻译教学目标从三维目标向英语学科核心素养目标转变，真正意义上实现教学目标指导教学实践。

（3）开发有利的教学资源

这一要素要求教师在设计翻译教学时，学好并用好文本教材，横向或纵向地分析教材内容，打破知识边界，系统梳理各单元之间的联系，寻找每个单元、各个板块学习内容之间的关联性。教师对教学资源的开发不仅仅局限于教材内容，还需要利用信息技术等现代化教学工具，本着趣味性的教学原则，从学生现有的认知水平出发，全面整合和优化文本教材以外的包括学校、家庭、社会中的各种教学资源，不断丰富教学内容。

（4）选择合适的教学方法

这一要素要求教师及时更新教学方法，根据语篇的类型及其特点选择适当的教学方法，引导学生对文本进行不同层次的解读，从而提高学生文本信息的处理能力，加深学生对篇章内容的认识，促进学生对语言知识的积累，帮助他们在不同的语篇中建立一套行之有效的翻译策略。

（5）组织有效的教学活动

这一要素要求教师基于对文本的解读以及对学生学情的分析，灵活而有针对性地组织相应的教学活动。教学活动是指导学生学习英语、掌握英语和运用英语的重要手段，也是实施教学计划、实现教育目标的重要途径。翻译教学活动的设计没有固定的模式，但无论采取什么样的翻译教学活动，都应该围绕相应的主题语境开展，并有机融入语言知识的学习、思维品质的发展和文化意识的培养，使学生的英语翻译学习更高效。

2. 改善教学评价体系

教学评价是评估教师教学效果和学生学习效果的重要指标，是英语学科核心素养培养过程中不可或缺的一个重要环节，在进行教学评价时教师要尊重学生的个体差异，关注以学评教，促进教、学、评一体化的进程。真正落实英语学科核心素养的根本方法在于建立与英语学科核心素养相一致的教学评价体系，需要注重：①评价主体的多元化；②评价内容的综合化；③评价过程的动态化；④评价方式的多样化。

（1）评价主体的多元化

教师要改变评价主体单一化的现状，充分发挥学生的主观能动性，通过学生的自我评价、生生互评等方式让学生积极参与教学评价，同时还可以采用同伴评价、家长评价和教师评价相结合的方式，让不同的评价主体参与学生学习成长的过程，使其在学生学业的发展中发挥相应的作用，从而实现评价主体的多元化。

（2）评价内容的综合化

教师不仅要关注学生英语语言知识、语言技能的掌握程度以及学生学业成绩，还需要关注学生在日常生活中和课堂上的综合表现。综合表现所涉及的范围较广，不仅涉及学生能否在规定的时间内独立完成英语练习以及在完成练习的过程中所表现出来的思维力、创造力，还涉及学生能否在与同伴的合作学习中完成共同的任务、是否积极参与课堂教学与课外实践活动等。总之，评价内容的综合化在考查知识与技能的同时，还需要兼顾对学生综合能力的考查。

（3）评价过程的动态化

教师在提倡重视教学结论的同时更需要注重教学过程的意义。在评价的过程中需要把总结性和形成性评价有机地结合起来，将教学评价贯穿于日常的教育教学行为中，充分发挥形成性评价的反馈功能，及时反馈学生的学习情况与教师的教学情况，引导学生充分认识自身在英语学习过程中的真实表现。此外，在教学的过程中教师应当给予学生多次评价的机会，促进学生个性潜能的发展和创造性的发挥，提高学生发现问题、分析问题、解决问题的能力，使每个学生都能扬长避短，从而获得最佳的发展。

（4）评价方式的多样化

教师在翻译教学中要丰富对学生的评价方式，综合使用多种评价方法对学生进行评价。例如，可以将考试、测验等较为传统的评价方法与课堂观察法、沟通交流法、学生成长档案法等评价方法相结合，从多渠道给教师提供反馈，从多方面了解学生对知识技能的掌握情况，确保评价方式的科学性、时效性和可操作性。

（三）顺应理论在翻译教学中的应用

在语境中，社交世界、心理世界、物理世界构成交际语境并与交际者形成一个有机整体，其中交际者居于主体地位。

1. 顺应社交世界的翻译教学

在言语交际和跨文化交际中，交际双方受制于不同的文化习俗和社会规约。交际语言的选择必须考虑听话人的认知心理、文化背景及社交规范，说话人的意图才能得到完整接收和有效传递。

2. 顺应心理世界的翻译教学

顺应理论认为，性格、信念、意图、动机等认知情感因素的协同作用，共同影响和制约了人的语言表达方式和交际效果。听者的心理世界也是影响交际效果的一个重要因素。翻译过程也是顺应原文作者和译文读者心理世界的动态过程。

3. 顺应物理世界的翻译教学

物理世界主要涉及时间和空间的指示关系。人的语言依托时空关系而存在，任何涉及交际的物理元素，如主体、对象、时间、空间等发生了变化，交际形式和语言的选择也会相应地发生变化。人对信息的处理和对语言的选择会受事件、说话、指称的影响。

二、语用学理论在英语阅读教学中的应用

（一）基于语用学的英语阅读教学现状

1. 忽视语用能力培养

语言能力涵盖语言认知能力和语言运用能力，其中，语言运用能力以语言知识为基础，主要包含语言理解能力与语言表达能力，以及在其发展过程中形成的语言意识与语感。英语阅读教学并不只是对学生进行语言知识的传递、输入与解释，还包括对信息的提取和总结，更重要的是对学生进行一定数量的语言输出。

调查结果发现，多数教师的英语阅读教学主要以语言本体知识，如语音知识、词汇知识、语法知识的培养为导向，忽视了学生语言运用能力的培养以及语言技能听、说、读、写的发展。一些教师在实际的阅读教学中仍未改变以学科为本位的教学理念，教学过程仍十分注重语言知识的传授，“重知识、轻技能”的教学现象仍然存在。部分教师只是把阅读材料单纯地看作语言知识的载体，把文本中的语言知识给学生依次罗列出来，并没有给学生提供语言运用的机会，没有带领学生有效地解析语篇，不能发展学生的语言理解能力和语言表达能力。

2. 不注重文化知识补充

教师对阅读文本中文化背景知识的挖掘不够深入、补充不够充分，即便对文化知识有所补充，大多数也是出现在读前的导入环节，补充的文化知识较为浅显易懂，仅停留在了解文化现象的层面，未体现文化全过程、全方位的融合与渗透。再者，教师补充的大多数是国外的文化知识，对中外文化的对比分析内容较少。在阅读教学的过程中，教师应该给学生创设有意义的教学语境以激发学生的文化兴趣；设计相应的阅读教学活动，带领学生感知、比较和分析不同国家、不同地域的文化，从而使学生加深对中外文化差异的理解，形成跨文化交流意识，尊重并领悟文化的多样性，汲取优秀文化，进一步坚定本国的文化自信。

3. 缺少思维品质训练

教师能够适当地给学生创设问题情境，并依据文本信息对学生进行简单的提问，但问题的设置仅停留在表面，缺乏深度和层次性，很少提出能够让学生从多元角度思考的问题，这样不利于提高学生分析问题、解决问题的能力。

一些教师在教学的过程中容易忽视学生学习的主体地位，很少给予学生自主学习、独立思考的机会，也很少从语篇类型、语篇结构等角度，借助上下文语境，使用创新的方法带领学生推断语言表层意思下的深层内涵，导致学生对文本的理

解不够深入，对文章的主旨或者作者的写作意图一知半解。针对从阅读文本中获取的各种信息与观点，部分教师较少引导学生对其做出合理的质疑，判断其价值，以此提出自己的见解与看法，形成自己独立的思想。

4. 阅读教学形式固化

一些教师开展阅读教学的形式较为固化，多为略读、扫读、全文阅读等形式。教师选用的阅读材料也极少从学生的实际需求和内在兴趣出发，仅仅将英语阅读过程看作单纯的阅读技能训练。另外，教师布置的课后作业形式较单一，多数以巩固学生的语言知识为主，缺乏对语篇的针对性练习，开放式、合作式的作业也较少。有的教师较少带领学生定期反思并总结自身学习的不足，致使学生缺乏明确的阅读学习目标和阅读学习规划。部分教师带领学生开展课外学习的活动频率低，利用网络资源扩充学习内容、拓宽信息渠道的意识薄弱。

（二）基于语用学的英语阅读教学策略

1. 介绍知识背景并打好阅读基础

基于关联理论，我们可以明确学生在参与阅读时，能够激活脑海中已经存在的、与语篇相关的图式，并在这个特定语境下探寻最佳关联信息，以便通过推理等方式理解语意，但是学生脑海中的知识比较有限，在阅读过程中会遇到各种障碍，降低了阅读的效率与答题的正确率。因此，教师需要借助数字资源，介绍主题背景知识，丰富学生的文化知识储备，还要导入与语篇相关的词汇，进行相关训练，为更好地阅读打好基础。

2. 培养阅读技能并提高推理能力

在英语阅读中，推理是一种非常重要的能力，对于解析未知的语句、分析文本结构和内容等有着重要的意义，有助于更好地掌握作者想要表达的意图。推理一般分为内容预测和结构预测两种，教师应当重视培养学生的阅读技能，根据阅读主题、主题句、图片和问题等信息，结合知识和阅读经验，推理一些信息，更好地掌握文本内容，逐步提高学生的阅读推理能力。

3. 初步阅读文本并确定词汇含义

在实际阅读过程中，难免会遇到一些生词，很多学生依赖查词典的方式解决生词，一遇到生词就查词典，不利于提升阅读理解能力。教师应当引导学生初步阅读，基于语境理解生词和相关语句的含义，通过联系上下文，进行合理推理，确定词汇的具体含义，有效提高学生的英语阅读理解能力，为深入阅读打好基础。

4. 加强教师的理论修养

教师需要不断更新英语阅读教学理念，及时转变固化的英语阅读教学模式，加强对英语学科核心素养的深度学习。英语教师应该把育人的教学目标落实到课堂教学中，着眼于培养学生的综合能力，逐步促进学生的全面发展，使学生的综合素质得到提高。教师可以从以下两方面入手，全方位加强自身的专业素养。

①强化自身对英语学科核心素养内涵的认识，不断加深自己的理论修养，增强思想意识，使自己的教学观念得到进一步的强化和提高。教师需要树立终身学习的理念，潜心钻研业务，勇于探索创新。教师可以通过国家中小学智慧教育平台、慕课网站、微课网站等多种途径来拓宽知识视野，更新知识结构，自觉促进教师专业技能的发展。

②要勇于动手实践，要有深刻的反思能力。教师要充分调动学生学习的主动性，要勇于实践，要积极主动地研究有效的英语阅读教学方法，善于把文本知识和实践知识结合起来，进行多方面的巩固提升。

5. 坚持以人为本的学生观

教师要坚持以学生为中心的教学理念和以人为本的学生观，营造良好的教学氛围，创建民主平等、和谐稳定的师生关系。以人为本的学生观并非完全忽视教师在教学中所扮演的角色，而是强调教学应该从“以教育者为中心”转向“以学习者为中心”，从“关注学科”转向“关注人”，创设相应的智力操作活动，鼓励学生积极参与课堂教学，彰显学生全面发展和个性发展的教育理念。

以人为本的学生观强调学生是发展的人，是处于发展过程中的人，是独特的人，是具有独立意义的人。要坚持以人文本的学生观，要从以下三个方面做起。

首先，教师要引导学生的学习和推动学生的发展，要注重培养学生的探究意识和动手实践能力，充分发挥学生的创新潜力。

其次，教师需要改变以往以学科为中心的教学理念和被动式的教学模式，结合学生的实际情况，积极审视和分析英语阅读教学实践中出现的各种问题，总结经验，形成规律性的认识。

最后，教师要改善学生的英语阅读的学习方式，引导学生进行自主学习，探究学习与合作式学习，让学生在科学理论的指导下自觉自愿地参与学习，运用科学的方法对不同的问题进行探究，为完成共同的任务与他人相互合作学习。

（三）关联理论在阅读教学中的应用

关联理论在阅读教学中的应用可以有效地提高学生学习英语阅读的兴趣。在关联理论的指导下，学生的英语阅读综合能力得到了显著提升，与之前仅了解英语文章的表面意思相比，现在学生更能够理解作者想要表达的深层次的含义。此外，在做题时，文章中不能明确找到答案、需要学生自己思考的题目准确率也得到了显著提高。通过关联理论的应用，学生能够更好地把握英语文章中的语境效果，从而更加深入地理解并掌握所学内容。

英语阅读教学在英语教学中具有极其重要的地位。教师在教学过程中既要注重知识的传授，也要努力激发学生对英语阅读的兴趣，以避免学生在学习过程中失去阅读学习的热情。传统的英语阅读教学方法往往不利于教学活动的有效开展，容易引发学生的厌倦情绪，因此，需要探索出一种新的教学方法，以更好地满足现代英语阅读教学的需求。教师要对教学方法进行创新，在进行英语阅读教学的过程中要以学生为主导，将阅读课堂交给学生，培养学生主动思维的能力，让学生自己对课文进行思考，不应再局限于进行单词、语法、翻译的阅读教学。

教师在运用关联理论的过程中遇到的主要问题：①课下学生自主阅读能力不强；②学生细节阅读能力不强。

产生这些问题的主要原因：①教师输入过多；②学生英语词汇量不足；③学生阅读量较少。

关联理论对英语阅读教学的影响体现在以下三个方面。

第一，能力方面。在能力方面，关联理论从词、句、篇的不同阅读层面提升学生的阅读技巧，帮助学生猜词义、理思路、促思考，从而提升综合阅读能力，尤其是逻辑推理能力。

第二，习惯方面。在策略和习惯方面，关联理论引导学生明确阅读目标，加深对不同体裁文章的主题和文本内容的理解。

第三，兴趣方面。在兴趣方面，关联理论帮助学生丰富阅读材料的背景知识，增进学生与文本间的互动，使学生更易理解文本，从而增加阅读兴趣。

三、语用原则在英语教学中的应用

（一）礼貌原则的应用

围绕语言交际，利奇的礼貌原则弥补了合作原则中的不足。礼貌原则的应用和实施在社交场合非常关键。在英语教学中，礼貌原则是英语语用能力培养中的重要一项，礼貌原则的实施应用也对教师的英语教学提出了要求。

1. 得体准则

实施得体准则要求教师在开展教学活动时减少有损于学生自尊心的话语和评价，让学生在教学内容的掌握和积极性、自信心的提高等多方面受益。该准则是从听话人的角度出发判定礼貌的，听话人受益少、受损多，因此教师对学生的鼓励以及在表达意图时，选择间接语言行为会使学生感觉舒服和被尊重。

2. 慷慨准则

慷慨准则与得体准则相关联，后者是从说话人的角度出发，在交际表达时受益少、受损多。实施慷慨准则要求教师在教学中通过奖励让学生受益，增强学生的英语学习和表达的积极性。

3. 赞誉准则

顾名思义，要多赞誉、少贬低，以听话人一方来判定礼貌。实施赞誉准则要求教师在开展教学活动时要多夸奖、多鼓励，避免出现贬低学生的行为表现，强化学生的正面面子。在英语教学中，教师应根据学生的表现给予评价：对上课表现优异、积极的学生应给予表扬，而在学生不认真、不积极时，要用提醒代替贬低，使学生在赞许和鼓励中建立自信心，敢于开口与教师和同学进行会话交际，提高表达和交际能力，进一步培养学生的英语语用能力。

4. 谦逊准则

谦逊准则与赞誉准则相对，以说话人一方来判定礼貌，少赞誉多贬低自己。在英语教学中，教师要培养学生谦虚好学的态度，在进行交际时尽量使用间接语言手段来确保礼貌。这一准则强调的是在交际中给对方以舒服的感受，顾及对方的面子问题，遵守交际中的礼貌原则及表达规范。

5. 一致准则

实施一致准则要求教师在开展教学活动时，传递关联信息，在课堂对话练习过程中增加同学观点的一致性。一致准则有利于教师在课堂中掌握学生的学习情况，通过不同的声音发现并解决问题，以确保学生掌握准确的内容，能够在交际中恰当地应用词句。

6. 同情准则

同情准则与一致准则相对，实施该准则时要求教师在教学过程中，引导学生在进行会话交际时增加双方的同情，减少情感上的对立。

在英语教学中，教师在传递语言信息、引导学生理解和处理这些语言信息时，应注意保持语用的得体性和教师的权威性，同时给予学生尊重和理解。在开展教学活动时，教师应根据学生的表现和反应及时进行评价，对表现积极优异的学生及时给予正强化，维护学生的正面面子，对表现不尽人意的学生要及时提醒并纠正，但要注意维护学生的自尊心。

礼貌原则放在交际活动中就是以对方的感受为主要考虑因素，使听话人在交际中感到舒服，所以在英语课堂中，教师应以学生为中心，使学生在特定的语境中保持一致准则和同情准则，建立合乎情理的交际活动，从而根据语境选择恰当的语言手段进行表达，在不断的积累中推动学生英语语用能力的发展。

（二）关联原则的应用

斯珀伯和威尔逊针对交际行为及意图提出了关联原则。他将关联原则划分为两条：第一原则为认知原则，指最大关联原则；第二原则为交际原则，指最佳关联原则。两条原则的划分就是为了说明最大关联和最佳关联之间的差别，从而在交际中取得良好的语境效果。

1. 认知原则

在英语教学过程中，教师应当确保他们所提供的指令用语及教学内容等与学生所付出的认知努力具有高度关联性。为了实现这一目标，教师应当根据学生的认知水平选择适当的信息，使教学内容更加贴合学生的实际需求。通过这种方式，学生可以在理解学习内容时获得最佳的语境效果，提高学习效率。

2. 交际原则

学生要在英语交际中使用语言手段取得最佳关联，这就需要付出认知努力来获得语境效果，从而能够顺利实现交际。

除此之外，学生在进行会话练习时，可能会出现不理解教师等说话人的意图的情况，在语境和话语内容间出现不同的匹配和组合，因此学生就要付出认知努力，进行推理思考，以取得最好的语境效果。

总的来说，为了在英语教学中成功应用关联原则，教师需要尽可能提供与学生的认知努力密切相关且是最佳关联的信息。这样做可以激发学生的语言交际能力，使他们积极理解和处理具有最大关联性的话语信息，从而获得最佳的语境效果。这将帮助学生灵活运用课堂中所学的核心词句，进一步提升他们的英语语用能力。

在这个过程中，教师可以采取多种教学方法，如情境教学法、讨论法和练习法等，以帮助学生更好地理解和掌握英语词句。此外，教师还可以鼓励学生根据已有的知识结构，与同学开展角色扮演等活动。这些活动不仅可以帮助学生巩固所学知识，还能在互相配合中达到最佳的语境效果，进而提高学生的英语学习成效。

因此，学生在英语交际活动中应以关联为取向，通过教师对所提供的课程中关联信息的解释和传递，辅助学生理解和处理具有最大关联性语境中的核心课程内容，从而进行有效的交际。这将有助于提高学生对核心知识的掌握程度，并进一步提升他们的英语语用能力。

在英语教学中，若要有效培养学生的语用能力，教师需在遵循语用原则的基础上，紧密结合实际教学情况以及学生的认知水平，开展一系列适应性活动。

在教学内容的设计环节，教师需要紧扣教学重点，确保学生能够全面、深入地理解和掌握核心知识。此外，对话练习应着重对已有知识的加工和处理，通过反复练习，使学生能够更好地将所学知识应用于实际情境中。

教学评价方面，教师应及时强化学生的正向行为，给予他们充分的肯定和鼓励，以增强他们的学习自信心和积极性。

在教师技能方面，英语教师需具备跨文化知识，了解并掌握跨文化交际规范，努力提高自身的目标语用水平。只有如此，才能更好地引导学生，帮助他们更好地理解和掌握目标语言，提升他们的语用能力。

教学策略方面要以学生为中心，采用情境教学法、练习法、讨论法等使学生在尽可能真实的语境中实现交际，在训练和积累中培养学生的语用能力。

第八章　英语语言与语言学的发展

英语从最开始的古英语算起，已经经历了十五个世纪的发展，这其中有辉煌的时刻，也有落魄的时刻，但英语以其顽强的生命力和令人惊奇的包容性留存了下来，并成为世界通用语言。英语语言和英语语言学在中国的兴起是中国融入世界进程中的产物。从改变政治外交的被动局面到学习西方先进科技文化的主动诉求，英语凭借在近代中国社会转型中发挥的关键性作用，借以近代新学制被正式确立为国民教育体系的重要组成部分。人们与社会的发展进步通过语言学进行了很好的展现。英语作为世界通用语言，在人际交流与信息传输过程中发挥了十分关键的作用，因此，对其的研究不可轻视。

第一节　英语语言的发展

英语语言的发展经历了一个漫长的时期，大致包括以下三个阶段：古英语时期、中古英语时期、现代英语时期。英语语言一直保持不断地发展，其发展的趋势主要分三个方面：第一，英语语言发展更趋向于非正式性。这一发展趋势兴起于 1945 年后，这种趋势受到了人们的大力支持。第二，美式英语对英语语言的发展也产生了很大的影响，使得英语更加国际化。随着经济全球化不断发展，各国之间的交流越来越多，而语言之间的相互影响更加显而易见。第三，为了顺应科技的发展，许多新词被创造出来。

一、英语语言发展的不同阶段

（一）古英语时期

自五世纪开始，英语出现，但直到七世纪才开始有记载。597 年，盎格鲁－撒克逊人，也就是我们今天说的英格兰人，开始接触古罗马文明。在英国历史开始之前，曾经有几个独立的王国，其中诺森比亚可以说是其中最发达的一个。700 年，诺森比亚成了欧洲最发达的文明，这是欧洲最早的一次文艺复兴，这一时期产生了大量的优秀文学作品。

到了八世纪，诺森比亚王国开始走向衰弱，文明的中心也发生了转移。麦西亚王国成了新的文明中心。又过了一个世纪，文明中心从麦西亚转移到了西部撒克逊人统治的一个王国——维塞克斯，其最著名的一个国王是阿尔弗雷德大帝，他不仅是一位军事家，而且是知识的倡导者和传播者。

（二）中古英语时期

中古英语时期以诺曼底人征服英国这一历史事件为起点，自此英语的结构有了很大的变化。在十世纪初，诺曼底人居住在法国北部，主要使用的语言是法语。1066 年，威廉一世带领着诺曼底人横渡英吉利海峡，击溃了盎格鲁 - 撒克逊人的军队。

在诺曼底人统治时，法语只是在宫廷和贵族之间使用，并未取代英语在大众间使用。即便如此，诺曼底人的入侵也给英语带来了很大的变化。

（三）现代英语时期

现代英语时期又可以分为以下两个阶段。

1. 现代英语前期

公元 1400 年至 1600 年是现代英语前期，英语的变化主要发生在语音上，具体来说有以下两种。

（1）元音音变

元音音变主要指的是重读音节中的一些元音发生的一系列音变，将长元音上移，与不能上移的最高元音合成二合元音，也就是我们常说的双元音，例如，he 在古英语中读 /hei/。这次音变使得英语中带有这些元音的词汇都发生了变化。

（2）省略了非重读音节词尾的元音

很多在乔叟时代是双音节的词，到了莎士比亚时代就变成了单音节词，例如，wine、name、stone 这些词中的元音 e 变为不发音的元音。这些词的变化对英语产生了很大的影响，也给英语带来了新的发展。

经过这两种变化之后，现代英语和中古英语之间有了很大的区别。此外，1476 年，印刷术传入英国，对英语的发展产生了一定的影响，使英语的拼写更加规范，促进了书面用语的发展。同时，印刷术的引进使书籍的成本降低，数量也开始增加，更多的人可以通过书籍学会读书、写字。印刷术的引进有助于语言的统一，有效地防止了方言差异的发展。

2. 现代英语后期

十八世纪英语又随着社会的发展经历了各种变化。在十八世纪初有人提出要对英语进行完善、删节、限制等一系列调整和控制。为了加深对英语因素的了解，有人提出要成立一个专门的英语研究机构，规定如何运用英语，虽然没有成功，但是改变了人们对英语的态度。这次对英语用法进行规范的尝试在一定程度上推动了词典的产生。1604 年，第一本英语词典诞生，后来，经过不断的改进，又出版了很多本词典。

此外，英语语法也是在十八世纪产生的。当时，英语作为一门学术语言代替了拉丁文，因此，人们将英语进行了控制和分解，像拉丁文一样对英语从语法层面进行了分析和论证，也是在此时，拉丁文被引入英语中。由于两种语言是不同的，这样的做法并不正确，英语有它独特的符号、形式以及表达方式。即便如此，在那个时期，拉丁语模式的英语还是被建立起来，并且在学校中进行传授。从逻辑上来看，语法训练是有意义的，语法有利于保障语言结构的稳定。

二、英语语言发展传播的影响

（一）对汉语的影响

语言接触促使发生语言融合，而语言融合往往代表着语言之间的互相借用，语言的借用现象不局限于词汇的借用，还包括各种语言结构层次上的语言形式的引进。这种借用意味着在两种或两种以上语言传播过程中的语音、语法、语义等方面互相渗透。对汉语来说，语言层面相互融合的影响主要体现在外来词和语法两方面。

1. 外来词

世界上的语言在演变的过程中发生语言接触，便会或多或少地吸收外来词语，没有哪种语言能够永久又孤立地存在。对中国来说，汉语在演变的过程中一直都是中国的官方语言，其地位毋庸置疑，随着经济全球化进程的加快，对外来词的吸收使汉语语言变得更加丰富。

1958 年出版的《现代汉语外来词研究》对英国、日本、俄罗斯、西班牙等七个国家的外国语言来源词进行了梳理，其中影响现代汉语外来词最多的国家是英国。现代汉语是近现代汉语的未来发展，近现代汉语对外来词的吸收深深影响了现代汉语的构成。从语言和语言进行接触起，就会产生外来词，更多的碰撞导致更多的外来词产生。

译者在借鉴英源外来词时还会有一种翻译方法即意译。意译是只忠实于原文内容而不拘泥于原文形式的翻译方法。不同于音译将发音作为翻译标准，意译以内容为翻译的准绳。中国门户初开的时候，西方科学知识大量涌入中国社会，部分有识之士急于吸纳西学，一时间没有精力仔细思考与英语意义对应的新词，因此，中文外来词多为音译词，但随着对西学了解的加深，意译词开始变多，甚至在中文外来词的发展过程中，一些音译词也开始转向意译词。相较于音译词，意译词更能丰富汉语词汇。英语的发展传播为音译词与意译词的产生提供了契机。

英语在发展传播的过程中被汉语吸收，以此为基础产生新词，无论是音译还是意译，都是基于英语创造的汉语新词，都能够体现出英语对汉语的影响。英语的发展传播直接作用于汉语词汇的增加，为中文吸收更多外来语奠定了基础。许多英源外来词在当今社会仍广为流传，既增强了英语的发展传播对当下中国产生的影响，也从侧面体现了英语发展传播的具体效果。

2. 语法

英语与汉语语法结合最早是由传教士引领的。早在 1840 年以前就有来自英国的传教士入华，但彼时来华的传教士不谙汉语，中国也没什么人愿意去学习英语，语言和当时的背景导致传教进展并不顺利。为了达到传教的目的和方便更多来华传教士开展工作，传教士开始努力学习中文，意图做到用中文与中国人沟通，但汉语之难众所周知，且彼时中国还没有形成系统的关于中文相关知识的资料。因此，传教士只得自己编纂。

编纂中文学习资料这一工作主要由西方派到中国大陆的第一位传教士马礼逊（Morrison）承担。马礼逊的工作为后期来华的英美传教士奠定了学习中文的基础。1840 年后，英美传教士人数骤增，原本的中文学习资料显得不足，因此，部分传教士继承马礼逊的衣钵，结合他们在中国的学习经验，出版了一系列阐释汉语语法规律的书籍，其编写语言均为英文。从文化、经济层面主导的英语传播使英语成为与汉语接触最多、应用最广的一门外语，中英语言之间的融合也悄然发生。

从语言层面来看，首先，英语的发展传播丰富了汉语的发展，主要体现在外来词上。任何事物都是发展的，是经过历史的大浪淘沙和去伪存真的，有价值的事物会在历史的长河中保存下来，英源外来词的历史地位和对当代汉语的影响一定程度上体现了英语发展传播的效果。此外，英语的发展传播对中国早期汉语语法书的编写有一定影响。传教士撰写的语法书对汉语语法进行了归纳总结，其中英美传教士出版的汉语语法全部以英文写成，意味着这些书是以英语语法为指导思维的汉语学习书。这些在英语思维指导下编写的汉语语法书深深地影响着后世的中国语法学者。

（二）对社会的影响

语言的融合是语言碰撞与接触中的必然，同时，语言又是思想交流的基础，思想交流对社会的存在与变革又有重要影响，因此可以说，语言是社会存在的基础，也是形成社会影响的重点。

清朝末年到民国初年中国社会经历了一场巨大变革，其中白话文运动作为文学革命的一部分改变了中国人的文字使用方式。白话文运动的提倡者大多有留洋背景，具备优秀的英语或多语能力，他们在与英语的接触中逐渐认识到中国文学改革的重要性，因此，不能不说英语的传播对白话文运动的发生造成了潜在影响。

英语在中国的发展传播不但奠定了英语作为一门外语在中国的地位，还深深影响着社会变革，是二十世纪五十年代后英语发展中的重要推动部分。

三、英语语言发展方式的理性化

对于作为国际通用语言的英语，众多国家基于学习先进科技和扩大交流的需求纷纷出台了一系列教育和语言政策，然而当英语成为文化交流工具时，外来语种和本国语种自然存在不同文化之间的价值观差异，如此就不可避免地引发了文化上的冲突。如果不能充分认识文化对英语教育政策的影响和作用，会使英语教育在实践中处于被动地位。

此外，受诸多因素的影响，我国当代逐渐开始追求个性，不仅对自我、他人和社会有着自己的价值观，在英语教育政策上也有自己的观点和认识。我们需要从倡导文化尊重与启蒙、倡导文化理解与习得、倡导文化交流与互鉴和倡导文化合作与共赢四个维度出发，开展英语教育。

（一）倡导文化尊重与启蒙

英语教育政策的制定首先应理解并尊重多地区、多国家、多民族的文化习惯及语言特点，寻求政策制定中语言与文化之间的历史起源和契合点，注重政策的文化尊重和启蒙。启蒙的目的在于使人成熟，呼唤的是理性与科学。显然，人虽然生来就处在文化之中，被文化所包围，但并不能生来就具有自觉的文化观念和文化行为方式。因此，传统上以意识形态灌输为主的方式对于受多元文化因素影响、具有自我中心倾向的学生来说，显得生硬和教条，会使他们厌烦。英语教育政策要提升人的语言文化修养，应采用启蒙的方式发展。现代化不仅包括科技的现代化，更离不开思想的现代化，而思想的现代化一般从文化启蒙运动开始，因此，在英语教育政策的现代化过程中，应重视文化启蒙的工具意义和启发价值。

作为推进现代化进程的重要工具，英语教育政策指向现代化文化交流素养的提高。要提升人的语言文化修养，必须采用启蒙的方式，加强原初性、建设性、迁移性和发展性文化内容的传播，培养一专多能的复合型人才，既考虑学生个体的差异性，又培养学生的全面素养。因此，英语教育政策在制定时如果不去了解英美文化的差异和我国学习者的实际情况，仅仅从主观思维和片面角度出发，想当然地把自我的理念和规范纳入政策之中，就容易给政策的执行者造成一定的理解误区。具体来说，政策的制定主体应多次深入高校，与教育行政部门、教育专家、教师切实合作，全方位地了解英语教育政策的文化特点、教育体制、语言教学特点、学生的思维特点、教师的构成等多方面的现状，为英语教育教学活动的开展提供具有基础性、原则性和制度性的参考文本，为英语教学和学习指明方向。

（二）倡导文化理解与习得

文化处在不断变化和生成中，通过学习掌握而演化为学习者自身的精神财富。文化理解乃是一个通过感知而走向了解和清晰的动态过程。一方面，学习者不断地把文化信息与自己的既有经验结合起来，形成新结构，产生新功能；另一方面，学习者使本国文化、目标文化和学习者个体三者的关系互动起来，形成新观念，产生新行为。

文化理解的方式包括文化分析和文化综合。文化分析强调把整体性、抽象性的文化知识分解成具体的和直观形象的知识片段，以便把握得更加详尽准确；文化综合强调把具体的和直观形象的知识片段概括成整体性、抽象性的文化知识，以便把握得更加简单明了。这个过程可以看作一个从简单到复杂、从复杂到简单的梳理过程，或者说是从一到多、从多到一的变化过程，在实质上也必然反映了多元和一元的相互转化。

由于个体从文化上说都是独特的，因而不同文化的个体进行文化理解时往往存在较大差异，社会和世界存在的意义即在于促进不同文化主体由理解的分歧不断达成共识。不同的文化也都是独特的，其文化基因一开始就存在不同，加之后天因素的塑造，便形成了更加丰富的文化样态。不同的文化之间需要沟通与交流，以求得对方的理解与认可。

文化习得即通过日积月累的学习行为而不断增长知识，获得更深层的文化理解。

（三）倡导文化交流与互鉴

推动多领域、高层次的文化交流与互鉴，对英语教育来说是责无旁贷的光荣使命。促进英语教育的交流与互鉴，要以弘扬和发展本国和本民族优秀文化为前提，采取相应措施。

一方面，要充分彰显传统文化和现代文化的优势，推动本国文化积极走出去。在文化交流与传播中努力打造民族品牌，构建具有强大生命力和时代性的话语体系，在传统文化的创新、资源共享、知识保护等方面建立平台，鼓励经验交流。政府文化管理部门要扩展中华文化对外传播渠道，积极向外输出中华文化，鼓励举办对外文化交流活动，多措并举促进本国传统文化走出去。

另一方面，用历史唯物主义观正确对待外国文化，辩证看待不同国家文化的优缺点。完善国内外文化交流传播渠道，适当放宽政策管制，通过文化多边交流带动本国文化创新，增进不同文化间的了解和互动，让本国文化在兼容并包中焕发生机。以对外开放国策为基础，加强对世界各国文化成果的引入和接纳，去芜存菁，取长补短，让异域文化为我所用。

（四）倡导文化合作与共赢

英语和汉语的文化历史悠久，使用范围广泛。虽然这两种语言的文化背景、应用领域和发源国家在政治意识形态上存在很大的差异，思维方式也有直线式和螺旋式等不同之处，但两者之间的交流和相互借鉴已有百年之久。

除此之外，随着经济全球化的不断推进，英语和汉语的文化元素在众多国家和地区被视为一种新的政治、经济和教育资源。如果深入学习和研究这两种语言的文化内涵并积极应用，无论是在个人发展、社会进步还是国家富强方面，都能产生重要的引导和巩固作用。因此，需要以人类命运共同体的思想为指引，并采取两方面主要的行动：一方面，在交流中保持对我国文化的自信心，传承中华民族的优秀文化，让我国的文化底蕴在英语语言的发展中得以扎根；另一方面，面向未来，实现多种语言的和谐共生和共同发展，达到多元文化发展的共赢。

积极推进对外开放，以我国文化发展为主导，借鉴吸收国外优秀文化元素，增强文化自信。需要围绕如何更好地传承和发扬我国传统文化这一核心议题，借鉴国外文化发展和传播的成功案例，鼓励更多的人走出国门去了解和学习不同语言文化在其他国家的传播现状和措施。同时，应主动邀请国外文化大师和语言学家到中国来进行多种形式的讲学交流，为国内外的文化交流与合作构建起一个以官方为主、民间为辅的平台，并提供充裕的资金支持。此外，还要与国外的文化产业同行进行交流，共同打造民族文化品牌，积极提升我国文化的国际影响力，从而在更广泛的范围内增强我们的文化自信。

积极面向未来，应当推动多种语言的共生、共存和共兴。文化整合作为实现合作共赢的基础，可以将短期利益博弈转变为长期的合作协商。国际文化合作已成为大势所趋，从世界历史发展进程来看，推动多种文化交流合作的目的是实现共赢。共赢是推动历史不断发展的重要动力和未来走向之一。因此，必须以不同地区、国家和民族之间的共同利益为出发点，对英语教育进行强化。在合作协商的过程中，要培养共同的观念形成准则和惯例，达成共识，抛弃敌视。在实践上，要相互支持，共同努力，从适应走向认可，从认可走向支持，一起面对文化冲突和文化危机，最终走向文化的共鸣和共赢，推动英语教育政策的一体化进程。

四、英语语言发展的影响因素

（一）历史因素

英语和法语是占据最大历史优势的外语之一。在诺曼征服事件爆发至十四世纪中叶前，法语的地位一度凌驾于英语之上，甚至成为英国的官方语言，国王和整个英国的贵族阶层都讲着一口流利的法语。直到 1399 年，亨利四世登基后，英格兰才出现了一位母语是英语的国王。法语的绝对地位至十七世纪才彻底被撼动。1688 年，光荣革命爆发后，英国建立了君主立宪制，政治环境和国际实力均有所提升，英国也随之在欧洲崛起，进而迈向全世界，英语也顺势成为国际交往中的主导语言之一。至十九世纪，英国科技与文化成就在国际处于领先位置，国力日渐强盛。十九世纪是全球爆发现代化发明的阶段：1840 年世界上首枚邮票黑便士问世、1876 年电话问世、1895 年收音机问世。以上这些发明使语言得以通过书面和口头方式实现全球范围内的传播和互动，同时，英国在南半球的殖民活动也推进了十九世纪英语在全球范围内的传播。从语言学的角度来看，英语正是从这个时期开始成为全球通用语的。十九世纪，英语逐渐超越法语。历史的积淀与长远的发展及其在全球范围内的传播使英语作为一门外语成功超越其他外语，在这时期的中国具备最强的外语竞争力。

无论在英国社会还是英语语言的历史上，诺曼征服都是一个重要转折点。在诺曼征服之前，英格兰已经发展为一个政治统一、治理良好的王国，英格兰民族身份也正在孕育过程之中。但诺曼征服打断了这一进程，它消灭了英格兰的旧统治阶级，代之以来自诺曼底的新统治阶级。新的统治阶级带来了新的语言和文化，法语和拉丁语取代了英语的官方语言地位，英语成为下层劳动人民的语言。社会阶层构成的变化带来了语言地位和功能的变化，而语言的变化又进一步影响和建构着人们的心理意识，促使他们形成新的社会认同。

诺曼征服后，新的统治阶级统治着横跨英吉利海峡的广袤领土，他们的认同不可能局限在英格兰本土，对法语和法国文化的认同感在上层阶级的思想意识中占主导地位。然而在随后的两个世纪里，随着以通婚形式进行的民族融合进程不断加速，诺曼统治阶级也逐渐本土化和英国化。英语也受到法语和拉丁语的影响，在词汇和语法形式上发生了重大的变化。语言的变化反映了语言社团的变化，英语与英格兰民族在曲折中相互建构。诺曼征服的影响主要有以下几个方面。

①诺曼征服改变了英格兰的政治—社会结构。诺曼征服给英格兰带来了一个新的统治阶级。在黑斯廷斯战役和随后几年的平叛战争中，英格兰的盎格鲁 - 撒克逊贵族被系统地消灭。威廉用诺曼人和他的外国追随者取代盎格鲁 - 撒克逊人，在英格兰制造出一个新的统治阶级，通过军事和政治手段掌握了英格兰的政治权力和经济命脉。

②诺曼征服带来的另外一个重要影响是英格兰与海峡对岸欧洲大陆之间建立起更加紧密的联系。它把英格兰和诺曼底这两个原本独立发展的国家联合为一个横跨英吉利海峡的单一政治实体。诺曼贵族既保留了在欧洲大陆的土地，又占有了英格兰的土地，成为英格兰新的统治阶级，包括国王在内的诺曼统治阶层，其政治和生活重心都偏向于诺曼底和大陆。威廉一世的统治时间有一半都在诺曼底度过，其中有五年时间他都没有造访过英格兰。威廉二世和亨利一世也将半数的统治时间花在法国，他们经常往来穿梭于英格兰和诺曼底，因此在英格兰和欧洲大陆之间建立起了政治和文化上的密切联系。

③诺曼征服对英格兰社会的语言也产生了重大影响。在诺曼征服之前，英语已经成为英格兰的官方语言和书面文学语言。1066 年的诺曼征服中断了英语的民族化进程，它给英格兰带来了一个新的王室、新的统治阶级和新的语言。英格兰与法国的诺曼底成为一个跨英吉利海峡的共同体，不但共同拥戴一个王室，而且拥有同一个盎格鲁 - 诺曼贵族阶级。因此，英国在政治上与法国的联系越来越紧密，文化上也深受法国影响。

法国诺曼文化的介入，主要影响了英语词汇和习语的发展。从英语进化的角度来看，英语在语言学上经历了内部和外部的变化，同化是词汇方面的主要现象。语言同化是指在语言平行发展的过程中，在保持自身形式不变、与主流语言形式保持一致的情况下，增加新的因素。外来族群的加入会导致本土和外来人口之间语言的交叉和融合。语言的功能是为不同群体之间的交流和沟通搭建桥梁，语言中的词汇变化也可以表现为不同语言群体文化的融合和同化。

语言的同化可以分为两个时期。诺曼统治初期，语言以法语为主，法语被视为文明语言，是社会进步的标志。从地理角度来看，诺曼征服开始拉近英格兰与欧洲的关系，打破了原有的自我管理状态。大量新生事物的介入，使人们的认知水平得到了提高和进步，对国家经济和文化的发展起到了积极的推动作用。诺曼王朝统治后，英语进入中世纪英语的阶段。法国人引进的大量外来词极大地丰富了英语的词汇，其表达方式的多样性促使英语积极发展并对语言的内部结构进行调整。从外部看，它不能被主观抵制，决定了英语未来的发展方向。经过诺曼征服，诺曼王朝在几个世纪的统治中，英语的词汇量更加庞大，单词结构相对稳定，词语的词性基本定性，这些都为语言整体内部的发展打下基础，因此，要成为稳定发展的语言就要顺应社会进步的趋势，不断变化，完善自身，英语有更大的词汇量、相对稳定的单词结构、基本上有定性的词性，所有这些都为语言的整体内部发展奠定了基础。因此，要想成为一种稳定发展的语言，就必须顺应社会进步的趋势，不断变化，自我完善。

④诺曼征服给英格兰社会带来的影响是直接而深远的。诺曼征服改变了英格兰的社会结构，这种社会结构的变化会反映在语言的变化上。法语和拉丁语是诺曼统治阶级的语言，其地位得到提升。英语逐渐失去了官方语言的地位，但它仍是大众通用的语言。

（二）社会因素

英语母语人才在社会变革中更受重视，英国也成为中国学习西方科学技术的首选国家。对主动学习西方知识的中国人来说，英语便成为他们乐意接触的外语。

与此同时，中国通商口岸的开放导致入华人数增加，其中英美来华人数远远超过其他国家。马礼逊教育事业对在华西方人影响巨大，彼时来华的英美传教士纷纷效仿马礼逊开办学校，英语便顺理成章地成为大多数学校开设的外语课程，这一时间教授英语的学校遍布中国各地。

（三）意识形态因素

两种和两种以上语言之间的接触会产生碰撞。虽然语言接触会导致语言表面、语言词汇等方面的碰撞，但不局限于此，而是涉及语言背后的意识形态。其中，语言态度是意识形态的重要体现，也是语言竞争结果的重要依据。中国存在的外语多种多样，每种语言背后都突显了运用此种语言群体的不同价值观与语言态度。

英语能够吸收来自不同国家的外来语言。据不完全统计，英语在超过一千五百年的演变历程中，至少融合了十种以上的不同语言，吸收了新鲜血液的英语在每个历史阶段都有蓬勃发展。无论是古英语时期的古诺尔斯语、中古英语时期的法语和拉丁语词汇的大量涌入，还是现代英语时期的几十种外来语语汇的引用，都不同程度地反映了英语的包容性。

语言依托人类才能存在，语言的包容性反映的是语言人群对待语言的态度，英语演变历程中始终贯穿的包容性说明以英语为母语的人群能够以开放的态度对待自己的母语。英美来华传教士在进行中英文翻译、出版等活动时，不但主动学习中文，还学习地方方言以加强与中国人的沟通。虽然没有明确指出语言发展传播的目的，但其对待语言的开放心态促使中国人更倾向接受英语作为外语。

（四）语言本体因素

英语是一门比较容易掌握的语言，它在发展过程中舍弃了复杂的形态变化规则。相比之下，法语却保留了各类词性的语法性别，且几乎没有规律可循，这为法语的学习增添了不少难度。相较俄语来说，英语的主谓宾是固定的，而俄语则常常出现忽略主语的情形，这导致本就语系不同的中国人在学习俄语时难以分辨句式。德语更加难，主格宾格频繁变化加上多主语特点使其成为公认的复杂语言。与西方外语不同，日语属于黏着语，虽然与中文种类不同，但夹杂了很多中文，由于离中国比较近，因此文化上也有互通之处。真正学习过日语的人都知道，日语复杂的敬语变体系统甚至难倒过很多日本人，更不用说其他日语学习者了。尽管如此，由于与中华文化相似，日语一度成为众多中国人学习的外语，去日本留学的人数也曾超越其他国家，但这种情况在留美政策恢复后减弱。

可以说，在中国有发展传播迹象的主要外语中，英语从语言本身来说是最简单的。英语相对简单的词汇、易学的语法给英语学习者提供了掌握这门语言的信心，英语学习群体的扩大使其最终成为外语发展传播的核心。外语竞争下的英语地位是传播主体与语言客观条件的双重体现，英语语言的优势在它和其他外语的竞争中展现得淋漓尽致。英语在中国的传播表明，外语竞争是真实存在的，是语言发展传播过程中会发生的规律，认识外语竞争、分析外语竞争有助于了解本国语言的发展传播优势和状况，更有助于语言发展传播政策的实施与规划，从而促进英语语言学的持久发展。

（五）时代因素

随着互联网的不断发展，使用网络语言的人数不断增加，这对英语学习群体产生了积极影响。在网络语言中，英语以其独特的优势吸引着人们，在网络平台上占有一席之地。网络语言的幽默感让人们感受到了学习英语的乐趣，也让那些害怕学习英语的人不再害怕英语。对于普通人来说，能够学习到一些英语日常用语是一件好事。需要注意的是，网络英语虽然给大众的日常生活带来了快乐，但是网络英语中的语言较为随意，会在学习英语标准发音等方面给学习者带来一定困扰。我们应充分认识到网络英语是把“双刃剑”，才能让网络用语在英语语言发展中起到积极作用，从而使人们的学习、生活更加充实和快乐。

（六）学科因素

语言的出现使人与人之间能够更好地沟通和交流，并在思想上产生共鸣。在漫长的语言发展过程中，出现了一门相对系统的语言学科。由于不同的民族通过不同的语言进行交流，产生了具有不同特点的语言学。其中，英语在世界范围内得到了广泛的发展，英语语言研究也形成了相对成熟的体系。在长期的发展规划中，影响英语语言学发展的因素很多。因此，有必要对其进行深入的探讨，这有利于语言学的进一步完善和发展。

第二节　英语语言学的发展

语言不仅是人类沟通的必要手段，也是人类交流和信息传播的一种重要的表现形式。人们依靠语言来保存人类发展的文明成果和促进人类优秀文化广泛传播。自语言出现以来，人类一直在不断地对其进行研究和探索。英语是语言的重要组成部分，经过历史的不断积淀和发展，逐步形成了一个相对完整的语言体系。

现代社会，英语作为一种通用语言，在生活中的使用频率越来越高，适用范围越来越广。自十七世纪初以来，学者一直在研究英语语言学。经过长期的发展，英语已经成为一种通用的国际语言。深入研究英语语言学不仅有助于加深人们对英语语言学的理解，而且有助于全面了解英语语言应用的发展前景。

一、英语语言学概述

语言是一种人与人之间沟通的符号，能够表达自己的情感，通过有效的规则和符号来进行传递。语言是人类沟通的必须方式，通过交流观念和意见来实现思维的表达，每种语言的特性都不相同，所以在研究过程中要明确语言和思维之间的联系，脱离思维的语言是不存在的，同时也要对其交际性进行掌握，还要对其文学性和戏剧性进行分析。语言学的诞生和发展要与语言教育相关联，二者相互沟通、相互联系才能推动二者共同发展。

（一）英语语言学的演变历程

1. 开始形成阶段

英语语言学属于一门语言学科，有着深厚的发展历史。早在十四世纪，许多文人就开始创作英语诗歌，有力地推动了英语语言学的发展，而这一时期正是英语语言学形成和进步的时期。

2. 稳定发展阶段

二十世纪中期，世界各国开始敞开大门，学习外国文化，经济全球化大势所趋，不可阻挡。此时，英语语言学开始稳步发展。英语逐渐成为各国人交流的主要语言，从而稳定了英语语言学的社会地位。

这也是使英语语言学成为一门独立学科并开始从不同角度研究英语的开端。一些学者从文艺复兴时期的角度来研究英语的发展历程，另一些学者则从国民经济的发展角度来研究英语。这一阶段是英语语言学发展的高潮。

（二）英语语言学的语音变化

1. 元音变化

英语这门语言的变化过程和语音变化息息相关，有着一套规范的发展历程。

在英语的发展过程中元音发音得到了进一步发展，其中长元音高化，短元音、上滑的双元音低化，后元音向前。

2. 语音缺失

随着英语语言学的不断发展，语音出现了音节脱落的情况。

①语音缺失很有可能与自身发音习惯有关。如元音发音不够饱满：汉语复韵母发音时长较短、滑动较快导致学习者在读英语的双元音时舌位靠后。再如辅音发音不准确。受地域影响，学习者时常将自身的语言习惯带到发音中，喜欢在辅音后任意地加上元音，进而导致音素脱落。

②教学中语音教学知识的缺失。长时间受应试教育的影响，学校教育者关注的大多是知识的传输，教学目标也是为了通过笔试考试，对学习者语音方面的知识补充较少，导致语音缺失。

③学习者在习得英语或进行跨文化交际中，很容易将汉语发音习惯不自觉地迁移到英语当中。

（三）英语语言学的词汇变化

在英语的发展过程中，英语词汇发生了重大变化，主要表现为合成词的出现、紧缩词的出现、委婉词的出现、缩略词的出现、词汇情感发生变化等。词汇的变化与特定的文化和语言环境紧密相连。

1. 合成词的出现

实际上，合成是指对具有相似含义和形式的英语词汇的组合和重建，从而获得新的词汇，即合成词。合成词的含义与原词的含义不同，甚至有些合成词的意义与组合前的词的含义完全不同。

2. 紧缩词的出现

通俗地讲，紧缩是指将两个或两个以上单词重新压缩和组合，是指将两个单词的特定部分系统地重建成一个全新的词汇，即紧缩词。

3. 委婉词的出现

由于每个国家和地区的语言表达和习俗不同，人们在使用英语进行交流时经常会遇到语言禁区。如果这些词在语言表达中不能省略，可以选择其他词来代替它们，从而产生了英语中的委婉词。

4. 缩略词的出现

在英语语言学的发展过程中，为了灵活掌握英语中较长的词汇，一般情况下，人们会对其进行简化，这就推动了缩略词的出现。缩略可以在确保单词原意不变的情况下，使拼写简单化。

5. 词汇情感发生变化

情绪性色彩表达的变化是英语词汇发生变异的微观表现形式。因为各个国家、地区都有其独特的表达习惯，所以某些地区的词汇会根据地区的表达习惯发生情感色彩的变化。

二、英语语言学的发展趋势

随着社会的不断发展，英语语言学也将变得更加多样化。国际化的发展必然是英语语言学的未来趋势之一。对于非英语国家来说，学习英语语言学可以促进与英语国家更好地沟通和交流。通过学习英语语言学，人们可以了解英语国家的风俗、文化、经济、政治、历史和其他方面。

随着经济全球化不断加快，英语的使用变得更加广泛和频繁。因此，国际化是英语发展的一个重要趋势。此外，英语语言学也将朝着多极化的方向发展。与过去语言学的发展不同，未来的英语语言学将不再将传统英语语言学的标准作为未来语言学的分类标准。换言之，未来英语语言学的发展将更加倾向于多极化和多样化，突破传统英语语言的束缚，将人们带入更广阔的语言世界。多极英语为不同的国家和地区带来了越来越多的发展机遇，不要求人们使用统一的英语规则，使各国能够根据自身情况实现多样化发展。因此，英语被越来越多的人所接受并被广泛使用。

（一）英语语言学的多极化

英语语言学在不断发展的过程中逐渐呈现出多极化的发展趋势。尽管英语这门语言属于国际通用语言，在国际舞台上有着非常重要的地位，但它也使许多国家意识到了一些问题。因此，许多国家对使用英语作为官方语言的问题仍然存在一定的抵触心理，再加上英语目前还缺少统一的标准，许多将英语作为母语的国家在英语语言的应用上也存在一些差异，使得英语语言发展及应用的多极化趋势越发明显。部分国家和地区使用英语语言进行表达的方式存在差异，甚至同一国家不同的人对英语语言的使用也存在差异。例如，在英国，不同地区的英国人在使用英语时，发音可能存在差异。这是英国语言发展的多极化趋势的主要表现。如果英语中没有统一的发音，人们很难控制英语未来的发展趋势。

（二）英语语言学的制度化

1. 英语语言学的制度化特点

（1）跨学科性

英语语言学与文学、心理学、哲学、社会学等多个学科交叉融合，形成了跨学科的特点。这使得英语语言学不仅关注语言的本体，还涉及语言与文化、社会、认知等方面的关系。

（2）系统性

英语语言学的制度化过程中形成了较为完整的理论体系和研究方法，使得语言学研究更具系统性。例如，结构主义语言学、功能主义语言学、认知语言学等理论流派各具特色，在研究中相互借鉴、相互渗透，形成了英语语言学独特的系统性。

2. 英语语言学的制度化意义

（1）推动语言学研究发展

英语语言学的制度化使得语言学研究得以深入开展，为其他语言的研究提供了借鉴与启示。同时，英语语言学也在与其他学科的交叉融合中不断拓展其研究领域，丰富和完善了整个语言学研究体系。

（2）促进国际交流与合作

英语语言学的制度化加强了国际交流与合作，为世界各国提供了沟通和了解的桥梁。英语作为国际通用语言，使得各国在政治、经济、文化等领域的交流中能够更好地理解和尊重彼此的差异，促进经济全球化进程。

（3）推动教育和人才培养

英语语言学的制度化为英语教育提供了更为科学的理论依据和实践指导。同时，英语语言学的研究和应用也培养了大批具备国际视野和跨文化交际能力的人才，为推动全球经济发展和社会进步做出了贡献。

英语语言学的制度化是语言学乃至整个学术领域发展的重要里程碑。其跨学科性、系统性和理论与实践相结合的特点为英语语言学研究提供了强有力的支持。英语语言学的制度化对于推动语言学研究发展、促进国际交流与合作以及推动教育和人才培养都具有深远的意义。

展望未来，随着经济全球化进程的加速和科技的进步，英语语言学将迎来更多的发展机遇。未来的英语语言学可能会更加注重跨文化交际和多模态研究，关注语言的动态变化和社会应用，并进一步推进与其他学科的交叉融合。同时，新兴技术（如人工智能和大数据）也将为英语语言学研究提供更多的可能性，如自然语言处理技术的发展将使得机器翻译和智能辅助教学等应用更加普遍。

总之，英语语言学的制度化为世界范围内的语言学研究和跨文化交流奠定了基础，为推动全球范围内的学术发展和社会进步发挥了重要作用。随着时代的变迁和科技的发展，我们相信未来的英语语言学会在更多领域展现其独特的魅力和价值。

（三）英语语言学的国际化

英国人是世界上最早使用英语的人。在英国殖民扩张的过程中，人们对英语的使用不再局限于英国本土，特别是随着英国殖民化的程度不断加深，直接或者间接地导致世界上越来越多的国家使用英语。美国是一个把英语推广到全世界的国家。二十世纪以后，美国综合国力的迅速上升进一步推动了英语的国际化发展速度，使英语逐渐发展成为一种国际语言。英语在国际语言体系中的地位越来越高，占据的比重越来越大，使用英语的人越来越多。

目前，世界上已有超过六十多个国家将英语作为母语，这表明英语在全球范围内的地位越来越高，不可动摇。在越来越多的人使用英语的背景下，英语在全球的文化、政治、经济等领域的影响力显著增强。为了更好地与英国、美国等西方发达国家合作，许多发展中国家开始积极开展英语学习，重视英语的应用，使英语迅速成为世界上最具影响力的语言之一。

（四）英语语言学的现代化

英语的发展不仅受到经济、文化和社会因素的影响，也受到经济全球化因素的影响。这些因素反过来又推动了英语的现代化进程，特别地，这些因素有效地优化了英语的基本结构，促进了英语在思想传递中的作用。思想传递是英语产生和存在的根本价值。此外，在发展过程中，英语也会与不同地区的文化接触、融合和碰撞。在现代化进程的推进下，英语的内涵得到了丰富。时代不断演变和发展的进程极大地促进了语言的发展，因此，时代的变迁和进步是英语得以长远发展的基础和动力，也是英语具有良好生命力的主要原因。

在英语研究过程中，我们可以发现文化、政治、经济因素促进了英语的发展和思想的传播，最终有效地保证了英语的应用能力和生命力。同时，英语的发展和应用也为一个国家的文化、政治、经济建设提供了保障。因此，对于语言学家而言，在研究英语语言发展的过程中，有必要基于语言和社会背景，丰富英语语言内涵，并在此基础上促进语言的有效发展。只有确保语言的有效发展，语言才能反过来促进社会发展。

三、英语语言学发展的意义

（一）顺应社会发展需求

随着社会经济和文化的发展，社会对英语人才的需求越来越大，而英语教育应该顺应时代发展需求，将英语听说能力培养落实到位，为社会培养有用的人才。根据英语教学标准，可以将英语能力分为多个要求和层次。所以，在进行英语课程设计时，需要考虑社会发展各方面需求，为英语教育的发展提供充足的时间和空间，为学生的英语学习和练习提供基础保障。例如，高校可以基于英语教学内容，让学生在英语课堂之外，继续进行英语能力的锻炼。这样不仅拓展了学习的空间和延长了学习的时间，丰富了英语教学内容，而且为学生英语实践能力的培养奠定了基础。

（二）提高中华文化自信心

文化是一个国家和民族的灵魂，是浸润心灵、启迪文明的基石，是任何一个社会人都无法剥离的烙印。中华民族有着源远流长的历史，中华文化既是多个民族智慧的沉淀，也是世界文化之林中闪闪发光的人类瑰宝。在过去，中国羸弱，社会动荡不安，导致西方文化一股脑儿涌入。晚清是历史上中西思维激荡的高潮时期，中西文化的激烈碰撞和社会格局的瞬息万变使部分中国人对本土文化陷入了怀疑。高举“中学为体，西学为用”旗帜的洋务派陷入以“西学”维护“中体”的囹圄。洋务派过于推崇“西学”，导致人们对西方的语言和文化过于推崇，翻译、引进的西方科学书籍迅速席卷当时的社会。受不平等条约的限制，晚清政府一方面广泛推行西学；另一方面无法阻止西方人在中国进行西方语言与文化的宣扬，结果不但没有维护住“中体”，反而加快了清朝的灭亡。“中学为体，西学为用”和“师夷长技以自强”口号是清政府洋务派官员提出的，是清政府为了维护封建统治实施的整治措施，并不符合历史发展趋势，“中体”的封建局限和无法阻挡的西学传播预示着洋务运动的失败。清政府看似自信的文化实际上是一种没有认清社会事实的“文化自负”。

文化并非以政为本，文化以人为本。文化应是本民族思想、智慧的结晶，值得珍惜和弘扬的也是这种中华民族的文化，而非政治的文化，因此，坚定文化自信就是认可、爱护自己的国家，维护本民族的智慧结晶。明确了文化的内涵就要坚定不移地提升真正的文化自信。

回顾中国曲折的历史发展进程可知，我们始终不能丢掉的是文化自信。社会激荡使英语初入中国便掀起发展传播的浪潮，一定程度上促进了中国社会近代化进程。晚清政府虽然认识到西学的重要性但没有从根本上获得文化自信的精髓。

当下信息网络的不断发展和完善使世界各个国家被卷入经济全球化中，英美等国依托长期积累的科技和财富向全世界宣扬着自己的文化。虽然中国社会发展稳定，国力强盛，在世界舞台上有着举足轻重的地位，但仍面临西方文化渗透的考验。针对此问题，结合英语在中国社会传播的历程来看，应从以下两方面做起。

①我们应坚定不移地酝酿、发展中华文化，不能陷入“崇洋媚外”中去。文化兴则国运兴，文化强则民族强。培养年轻一辈的爱国、护国精神，使他们能够肩负起传承中华优秀传统文化、对抗经济全球化带来的西方语言文化侵蚀的任务。

②新时代的文化传承既非盲目排外，亦不可故步自封，而是应以经济全球化为背景，实现中外文化（不仅仅是中西文化）的结合，为中华文化的长足发展提供有利条件，实现中华文化的创新和创造性发展。

历史的教训告诉我们，视中华文化为糟糠或过度排斥外来文化都无利于中华文化的长足发展，任何失之偏颇的文化认识和文化自负都是对中国传统文化健康传承的致命打击。新时代下坚定文化自信就是坚定地认为中华文化具有强劲、旺盛的生命力，是中华民族五千多年历史长河里凝聚出的智慧结晶，是中国人民赖以生存的精神支柱。

同时，我们也要意识到中华民族的优良文化传统绝不会被外国文化取代。中华文化是取长补短、极具包容性的文化，在文化交流中坚定文化自信就是促进中华文化繁荣的基石。拥有自信的文化是发展英语语言学的基础和根基，对国外文化既不可鄙夷不屑，亦不得推崇备至。只有辩证地看待中华文化和西方语言文化之间的关系，坚定不移地提升文化自信，才能够使中华文化切实获得长远的发展。

综上所述，从英语语言学的历史发展中可以看出，研究语言并不是在周而复始地兜圈子，而是在自行回转中相应扩大直径的圆周性的并螺旋上升的模式下发展的，这也许能够更好地描述语言学的发展过程。在语言学的发展过程中，不断细化的发展过程也会影响日益精细的学科设置，并且产生相关的众多的边缘学科，与语言学习成为有机的整体，这对于今后的现代科学发展起到非常重要的作用。

参 考 文 献

［1］ 潘超 . 认知视角下英语语言学与应用语言学研究［M］. 北京：北京工业大学出版社，2018.

［2］ 刘曦 . 基于多维视角的英语语言学理论探索与应用［M］. 北京：新华出版社，2019.

［3］ 张利 . 当代英语语言学理论多维视角研究［M］. 北京：北京工业大学出版社，2019.

［4］ 何冰，陈雪莲，王慧娟 . 语言学应用与英语课堂教学研究［M］. 郑州：黄河水利出版社，2020.

［5］ 杨雪萍 . 语言学理论指导下英语教学多维度研究［M］. 北京：中国书籍出版社，2022.

［6］ 韩峰 . 隐喻研究及其在英语语言学中的应用［M］. 北京：北京工业大学出版社，2018.

［7］ 吴福祥 . 关于语言接触引发的演变［J］. 民族语文，2007（2）：3–23.

［8］ 肖珑 . 符号学及其在语言学上的重要意义［J］. 井冈山学院学报，2008，29（6）：44–48.